1 桶狭間の勝利を記す刀

織田信長 所用
重文 義元左文字

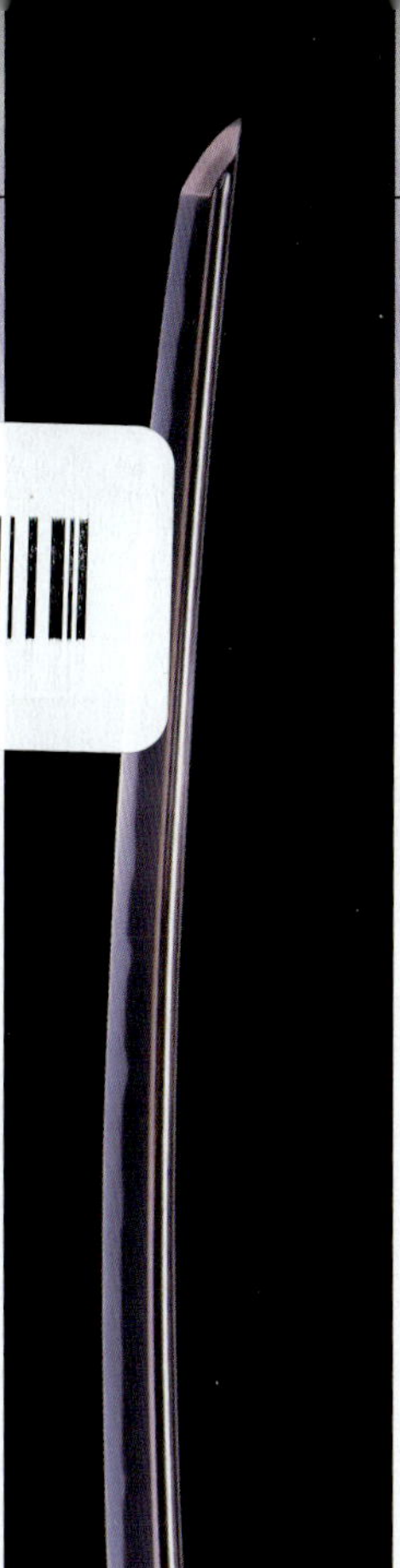

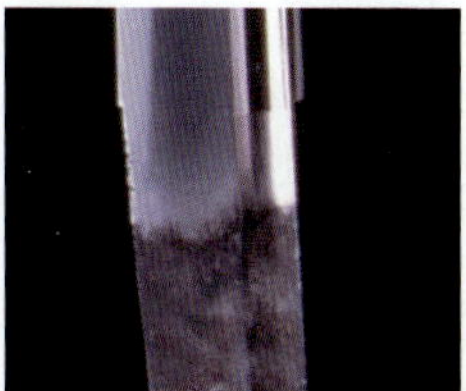

■建勲神社所蔵

元は左文字の作と言われる無銘の刀。今川義元を討った信長により金象嵌名にて「永禄三年五月十九日 義元討捕刻彼所持刀　織田尾張守信長」と記されている。

2 馬上で振るわれた平安武士の刀

藤原秀郷 所用

重文 毛抜形太刀 神宮徴古館所蔵

平安中期の代表的な形。刀柄の中央にある透かし模様が毛抜の形であるために名づけられた。柄と刀身が一体の構造になっているため、鐔は鋒から通している。

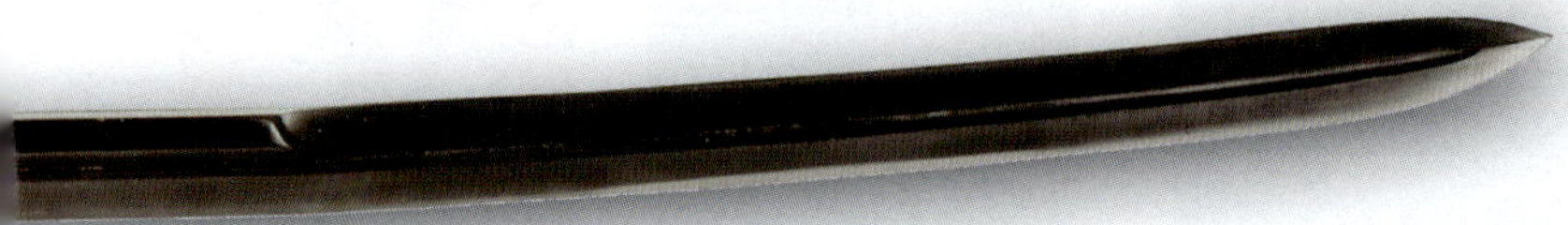

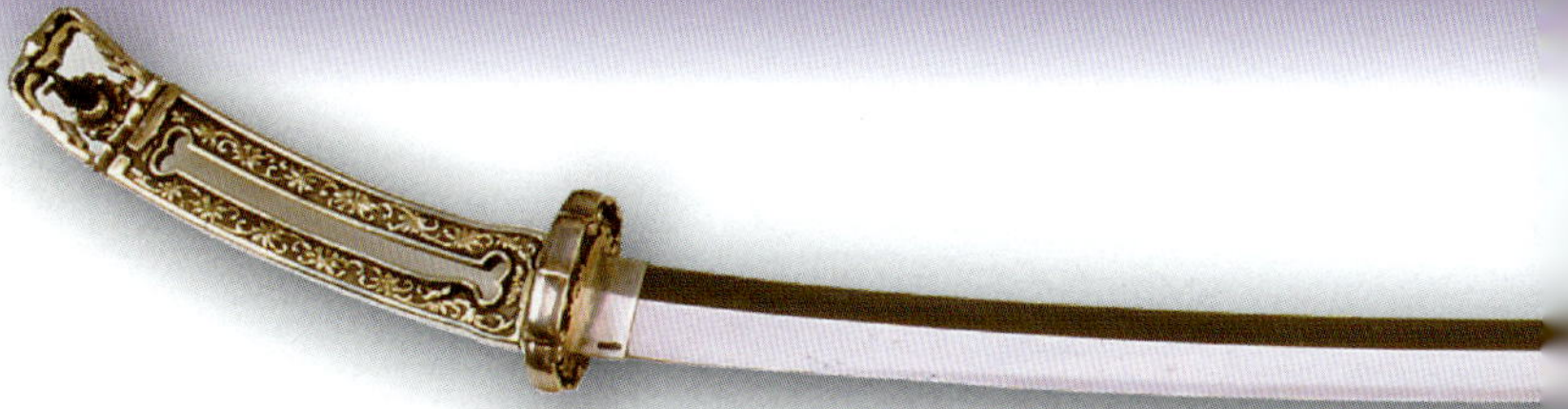

3 大鳥がもたらした天皇家の守り刀

平貞盛 所用

御物 小烏丸 宮内庁所蔵

大烏が桓武天皇に与えたという逸話を持ち、天皇家の守護刀として秘蔵されたが平将門の反乱の折に朱雀天皇が討伐軍指揮官の平貞盛に下賜し、平家の重宝となった。

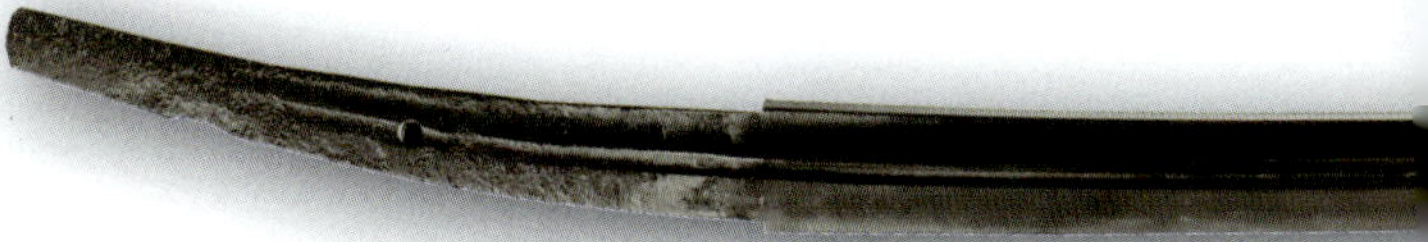

4 酒呑童子の首をはねた源氏の宝刀

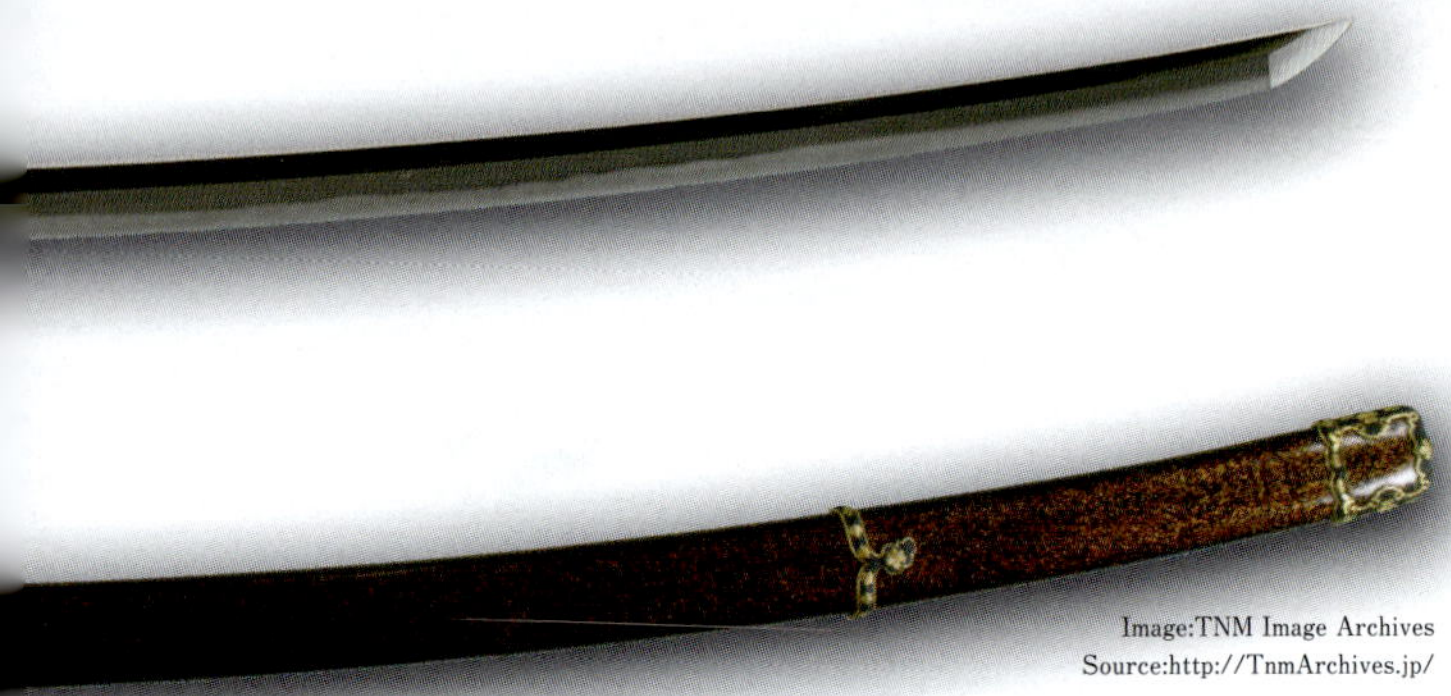

Image:TNM Image Archives
Source:http://TnmArchives.jp/

源頼光 所用

国宝 童子切安綱 梨地糸巻太刀 東京国立博物館所蔵

平安時代末期の刀工、安綱の作。源頼光はこの太刀で酒呑童子を退治したとされている。拵は越前家または津山松平家により作られた。

Image:TNM Image Archives
Source:http://TnmArchives.jp/

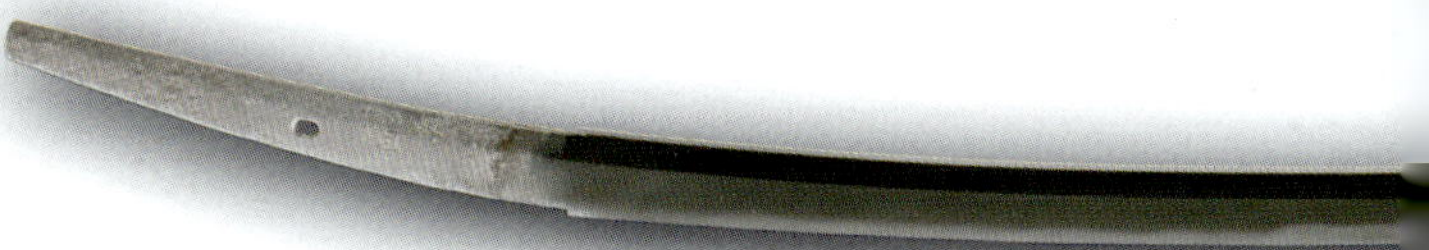

5

平安の武士に愛された堅牢な造り

源頼政 所用

重文 **獅子王** 東京国立博物館所蔵

平安当時の原型がそのまま残っている貴重な一品。この拵の様式は黒漆糸巻太刀と呼ばれ、柄、鐔、鞘にすべて黒漆を塗り、その上から糸で巻き締める頑丈なもの。

6 病魔を退散させた北条家の重宝

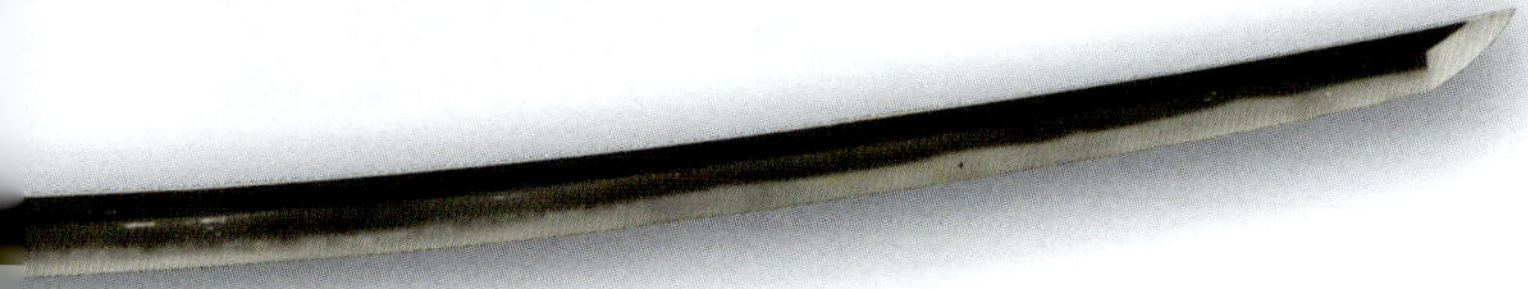

北条時頼 所用

御物 鬼丸国綱 革包太刀

宮内庁所蔵

この拵は革包太刀と呼ばれる拵全体を革で包み紐で巻き締めた黒漆太刀の発展した形。鬼丸に代表されるため鬼丸拵ともいわれる。

Image:TNM Image Archives
Source:http://TnmArchives.jp/

7 神前に供えられた華やかな太刀

北条氏 所用

重文 北条太刀 東京国立博物館所蔵

伊豆の三島大社に奉納されたと伝わる太刀。無銘だが福岡一文字派による作とされている。明治天皇の愛蔵する刀でもあった。

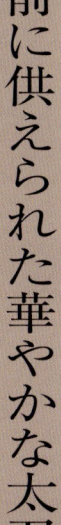

8 磨上によって生まれた「のぞき龍」

楠木正成 所用

国宝 小龍景光 東京国立博物館所蔵

銘には「備前国長船住景光　元享二年五月日」とある。茎が大きく磨り上げられ刀身に彫られた龍が柄に隠れて首だけ出しているように見えるためこの名が付いている。

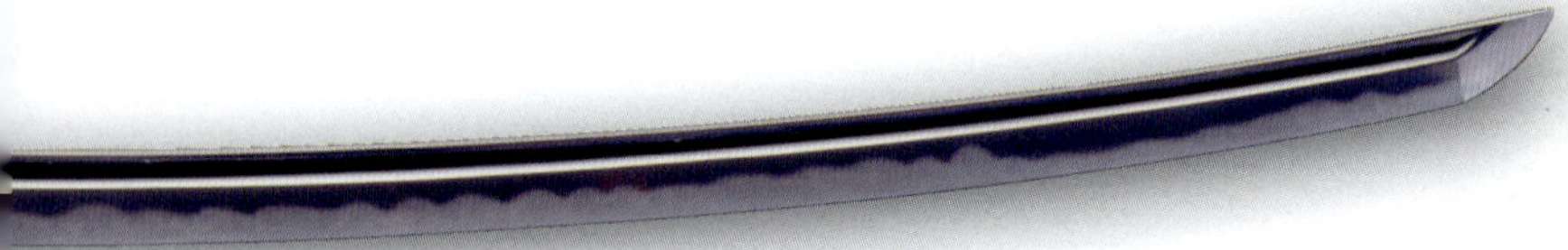

Image:TNM Image Archives
Source:http://TnmArchives.jp/

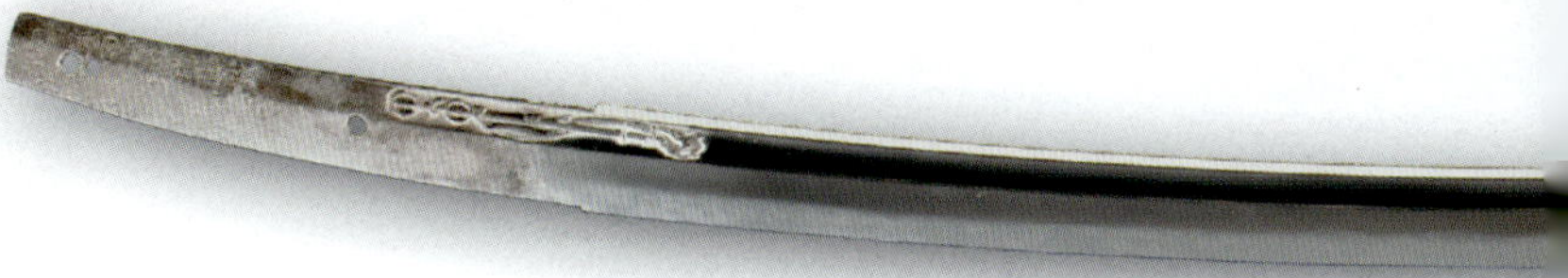

9 六〇〇貫の値が付いた「将軍の刀」

足利義輝 所用

国宝 大般若長光 東京国立博物館所蔵

銘は「長光」。この刀の評価に当時としては破格とも言える６００貫の値がつけられたため、大般若経６００巻になぞらえてこの名が付いた。

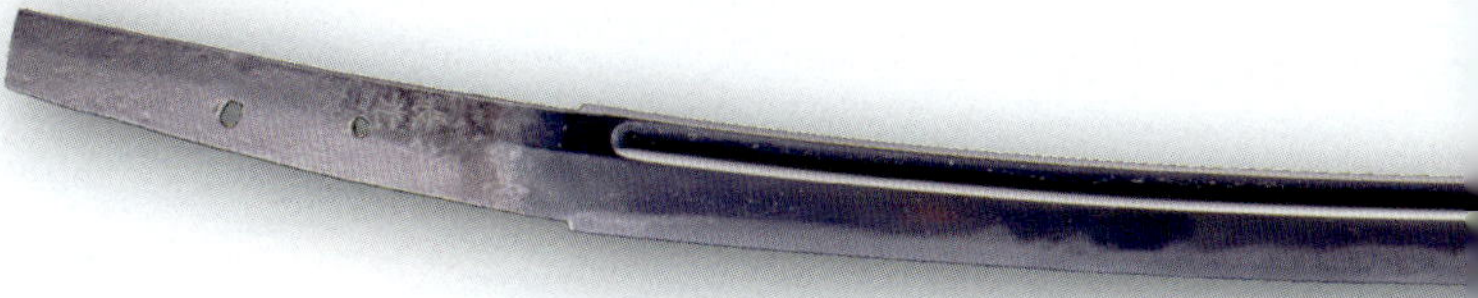

10 秩父大菩薩の加護をもたらす短刀

上杉謙信 所用

国宝 備州長船住景光　元亨三年三月日
黒漆小サ刀拵　埼玉県立歴史と民俗の博物館 所蔵

この短刀は謙信が常に帯刀していたといわれるもので「謙信景光」とも呼ばれる。刀身の表には秩父大菩薩、裏には大威徳明王を表す梵字が彫られている。

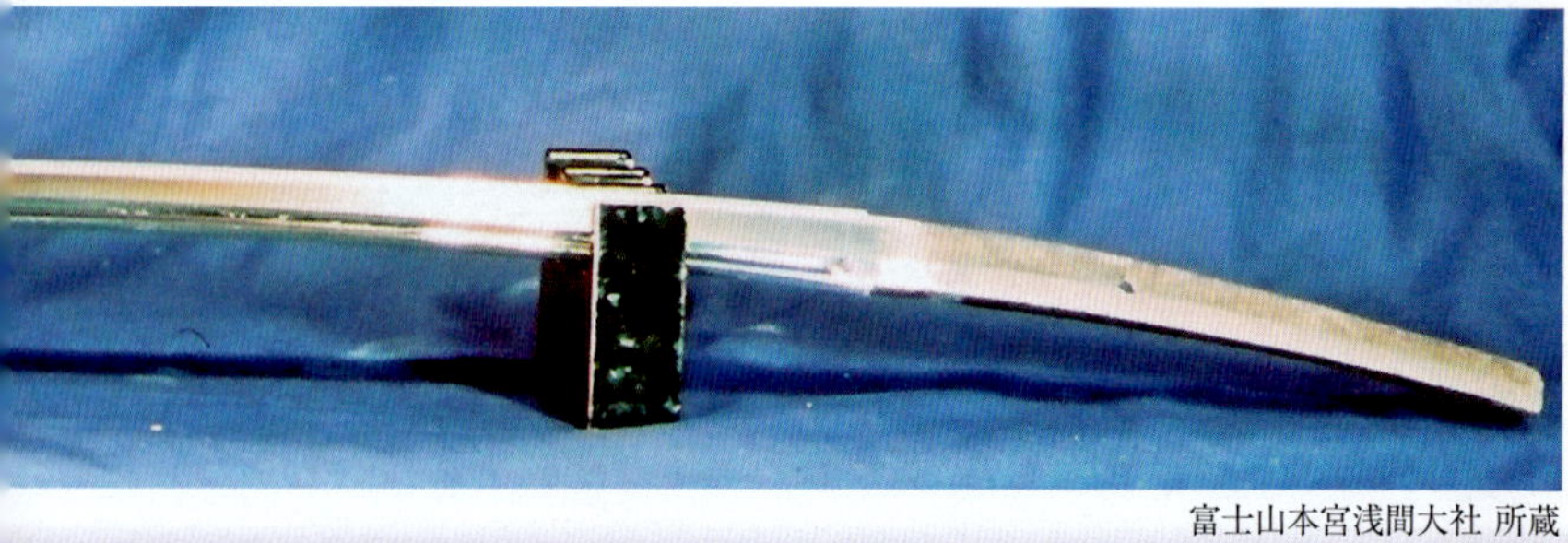

富士山本宮浅間大社 所蔵

11

「甲斐の虎」が祈りをこめた奉納の太刀

武田信玄 所用

重文 南天薬師瑠璃光如来 備前国長船住人景光

武田信玄が駿河侵攻の前にして成就を祈願し、この刀を富士山本宮浅間大社に奉納したという。景光は備前国長船派の三代目にあたる刀匠である。

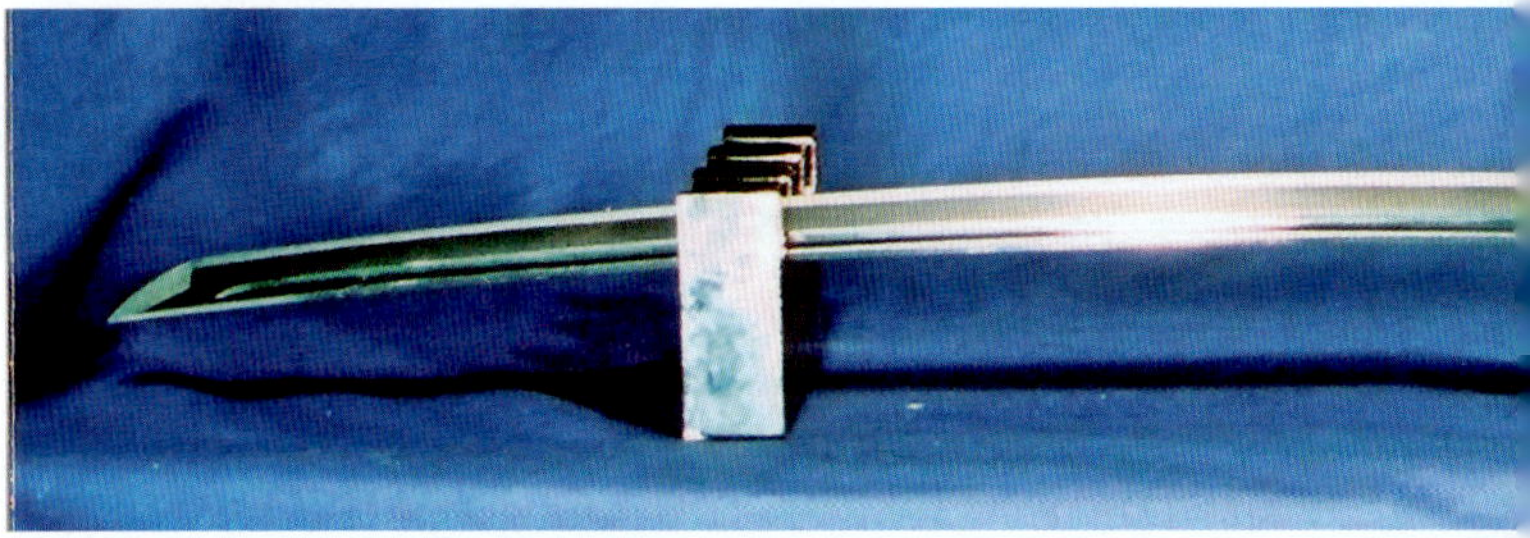

12 信長から授けられた名刀

黒田如水 所用

国宝 へし切長谷部 福岡市博物館所蔵

黒田如水が信長に中国攻め献策した際、これを賞されて拝領した。信長が膳棚の下に隠れた茶坊主を棚ごと圧し斬ったこともある業物である。

Image:TNM Image Archives
Source:http://TnmArchives.jp/

13 古備前刀匠が鍛えた大太刀

池田輝政 所用

国宝 大包平 東京国立博物館所蔵

銘に「備前国包平作」とある刃長が三尺に近い大太刀で、その長大さゆえに大包平と号された。池田輝政は数ある戦国武将の中でも愛刀家として知られている。

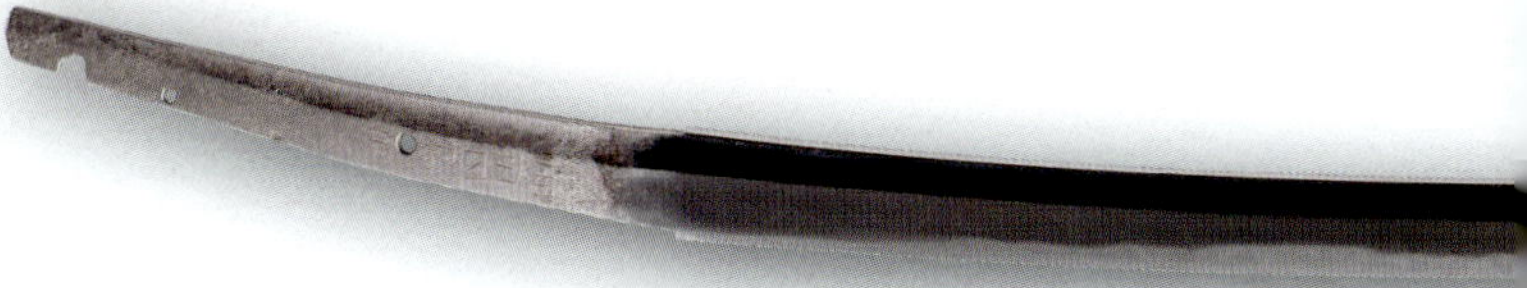

14 古今伝授の名を冠した名刀

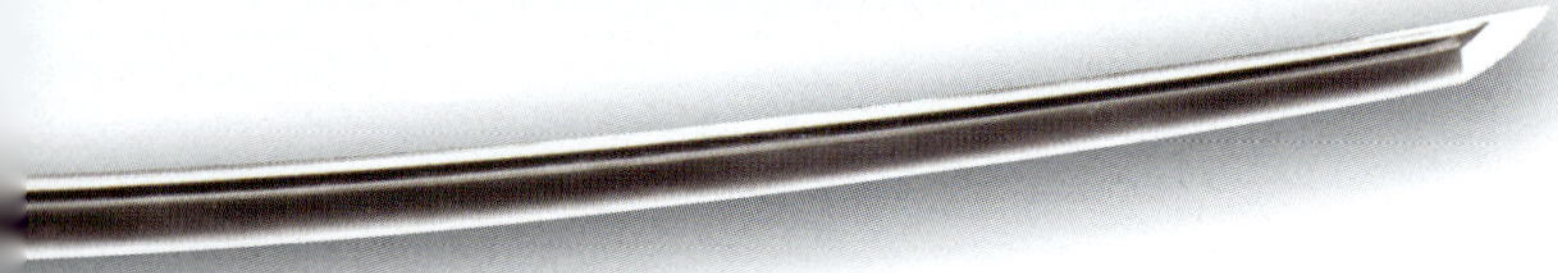

細川幽斎 所用

国宝 古今伝授行平 永青文庫所蔵

銘には「豊後国行平作」とある。行平は豊後国の刀工で平安時代から鎌倉時代初期にかけて活躍した。細身で反りが高く鋒の小さい姿がこの時代の特徴を示している。

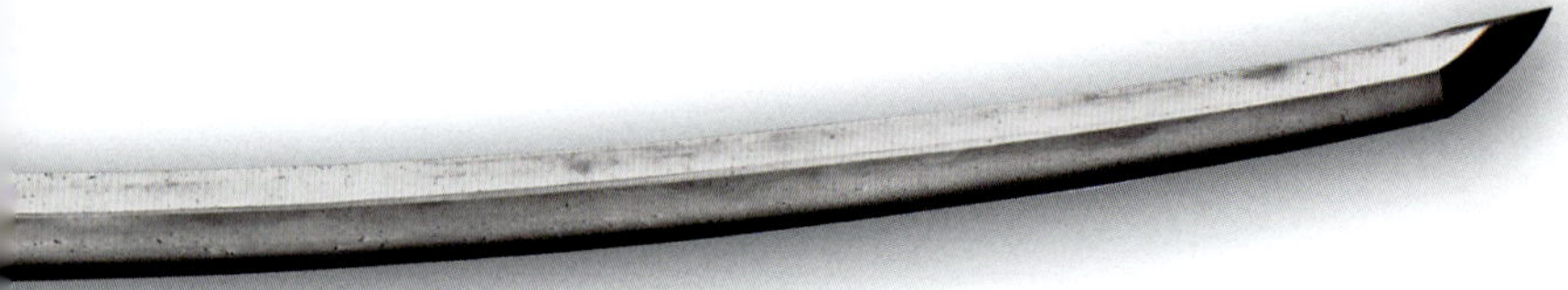

15 神秘的な逸話を残す前田家の重宝

前田利家 所用

国宝 **大典太光世** 前田育徳会所蔵

利家の娘を病から救ったという逸話を持つ。平安時代の刀は優雅な細身の刀が流行していたので、身幅が広く刀身が短い重厚な造りの大典太は非常に珍しい

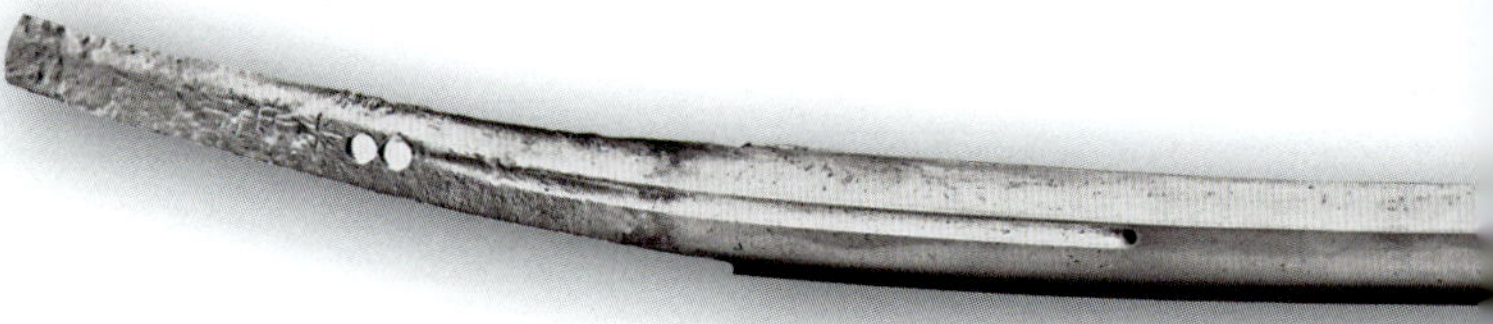

16 秀吉が愛した唯一無二の太刀

豊臣秀吉 所用

御物 一期一振 宮内庁所蔵

粟田口吉光は秀吉が正宗・郷義弘と共に天下三名工と称えた刀工の一人。吉光の現存作の多くは短刀であり、太刀はこの一期一振が現存するのみである。

Image:TNM Image Archives
Source:http://TnmArchives.jp/

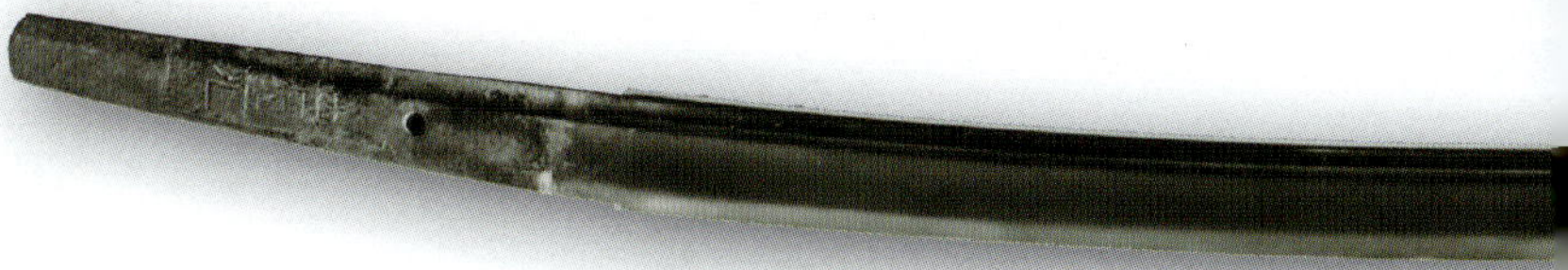

17 刀身に残る戦いの歴史

石田三成 所用

重文 石田切込正宗 東京国立博物館所蔵

正宗の作とされ、多くの正宗と同様に無銘である。戦場往来の刀であり、戦いによって棟に刻まれた切込痕はこの刀の大きな特徴である。

18 鋒を西に向けて徳川家を護る

■徳川家康 所用

重文 ソハヤノツルキウツスナリ

久能山東照宮博物館所蔵

西国の動きに不安を持つ家康は「この刀を西に向けて置け」と遺言したという。茎に「ソハヤノツルキ　ウツスナリ」の銘があり、意味は解明されていない。

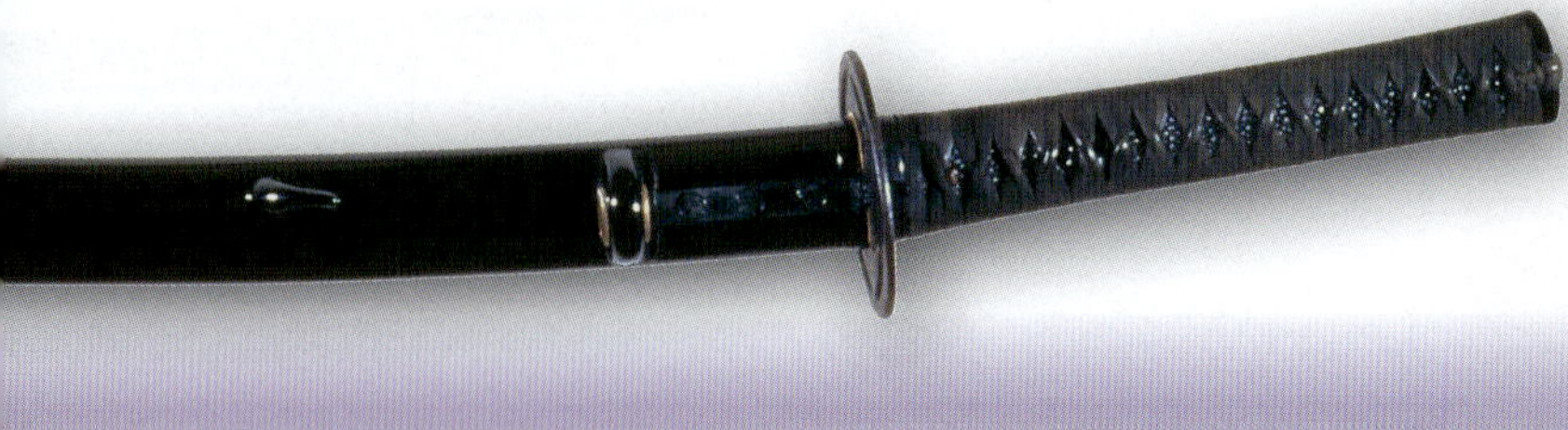

19 日光東照宮に眠る家康の愛刀

徳川家康 所用

国宝 日光助眞 日光東照宮所蔵

加藤清正から徳川家康へ贈られた刀。付随する拵は天正拵で、家康好みの黒漆塗りの拵。助眞拵と呼ばれて天正拵の代表作とされている。

20

故郷へ帰った「鬼の副長」の愛刀

■土方歳三 所用

和泉守兼定

土方歳三資料館所蔵

土方は蝦夷の地へと向かう前に、自分の写真と一緒にこの刀を郷里の家族のもとへ届けさせた。拵も当時のもので、柄巻が細かく巻かれ菱が小さいのは幕末の流行である。柄糸には滑り止めのために漆が塗られ、縁頭、栗形、小尻とも鉄地無文で実戦性を重視しているが、鐔には一輪の梅の花が彫られている。

撮影者／ Jo

土方は榎本武揚や一部の新選組隊士とともに蝦夷へ渡り、五稜郭を本陣とする蝦夷共和国を樹立するが、新政府軍の攻撃により戦死する。

拵の美 1

太刀拵

刃を下にして帯に下げる「太刀拵」は馬上での使用に適し、平安時代から戦国時代まで使用され、豪華さよりも勇ましさや堅牢さが当時の武士たちに好まれた。

黒漆太刀

柄も鞘も金具を含めて黒漆で塗り固めた丈夫な拵。質実剛健な黒漆の拵は江戸時代に入っても愛好者がいた。

厳島神社所蔵

革包太刀

永青文庫所蔵

黒漆塗の拵の次に登場した実用的な拵。鐔を含めた全てを革で包み、湿度に対しても強くなった。

拵の美 2

打刀拵

時代とともに刀の様式が太刀から打刀へと変化しても、
刀に実用性と装飾性を求める気持ちに変化はなかった。

革巻柄黒漆打刀

「天正拵」と呼ばれる戦国期の実戦用の拵。くびれた形状の柄は「立鼓」と呼ばれ大きな特徴となっている。

久能山東照宮博物館所蔵

腰刻黒漆研出鮫打刀拵

永青文庫所蔵

「肥後拵」と呼ばれる茶の湯の美意識を刀装に反映させた様式。写真は「歌仙拵」と呼ばれる特に有名なもの。

魅惑の刀装具◆1

鐔

鐔はもともと刀工や甲冑工が作製をしていた。やがて鐔専門の職人が手がけるようになり、透かし模様や象嵌など様々な装飾が施されるようになった。

■文字大小鐔

東京国立博物館所蔵

禅の公案である「殺人剣・活人刀」をあしらった鐔。禅の思想は剣術にも大きな影響を与え、新陰流は特にその性格が強いとされている。

Image:TNM Image Archives Source:http://TnmArchives.jp/

実用を超えた工芸品

■枝垂柳猿猴透鐔

東京国立博物館所蔵

銘 寿叟（花押）表

江戸時代中期以降は様々な金工技術が鐔に施され、美術品の領域に達する。写真の鐔のように透かしと象嵌を駆使したユニークな作品も多い。

Image:TNM Image Archives Source:http://TnmArchives.jp/

■蟹透鐔

東京国立博物館所蔵

鉄の味わいを活かし、鉄地を透かして模様を残す透鐔。室町時代後半から江戸時代にかけて作られた尾張地方を代表する形式である。

Image:TNM Image Archives Source:http://TnmArchives.jp/

魅惑の刀装具 2

三所物

柄を飾る目貫、鞘の櫃に収まる小柄・笄の3つは意匠を合わせたものが多く、三所物と総称される。鐔とともに芸術性の高い刀装品である。

■牡丹獅子図二所物

東京国立博物館所蔵

強さと華やかさの象徴として獅子と牡丹の取り合わせは鎌倉時代以前から好まれていた。

Image:TNM Image Archives Source:http://TnmArchives.jp/

富嶽図二所物 東京国立博物館所蔵

七宝焼で装飾された色鮮やかな目貫と小柄。目釘を象牙にするなど、豪華さを演出するために数々の素材が使われた。

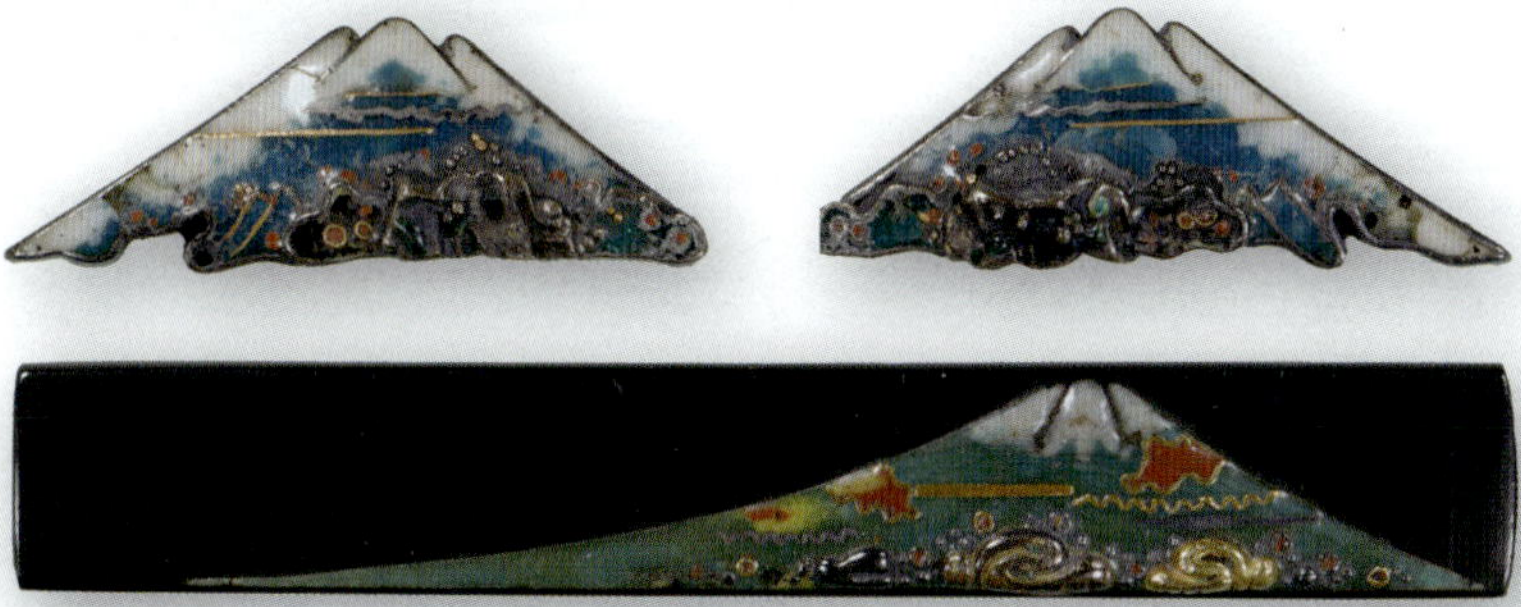

Image:TNM Image Archives Source:http://TnmArchives.jp/

蟹貝図縁頭 縁腰面 東京国立博物館所蔵

柄に付く金具にも細やかな細工が施された。通常、柄頭と縁で意匠を合わせて「縁頭」と総称した。

Image:TNM Image Archives Source:http://TnmArchives.jp/

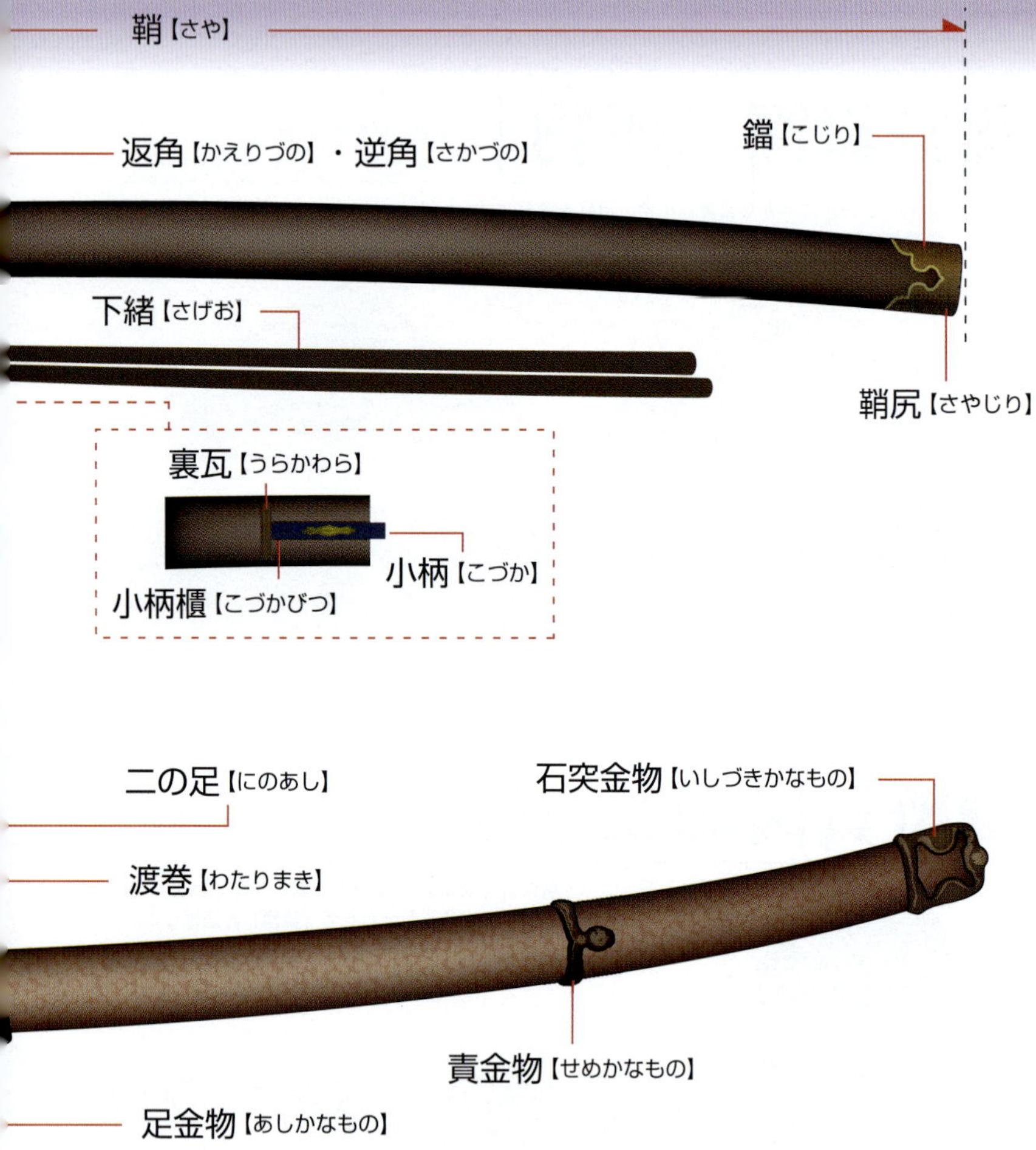
鞘【さや】
返角【かえりづの】・逆角【さかづの】
鐺【こじり】
下緒【さげお】
鞘尻【さやじり】
裏瓦【うらかわら】
小柄【こづか】
小柄櫃【こづかびつ】
二の足【にのあし】
石突金物【いしづきかなもの】
渡巻【わたりまき】
責金物【せめかなもの】
足金物【あしかなもの】

刀の構造と名称 1

刀の名称と構造
Name and structure of sword

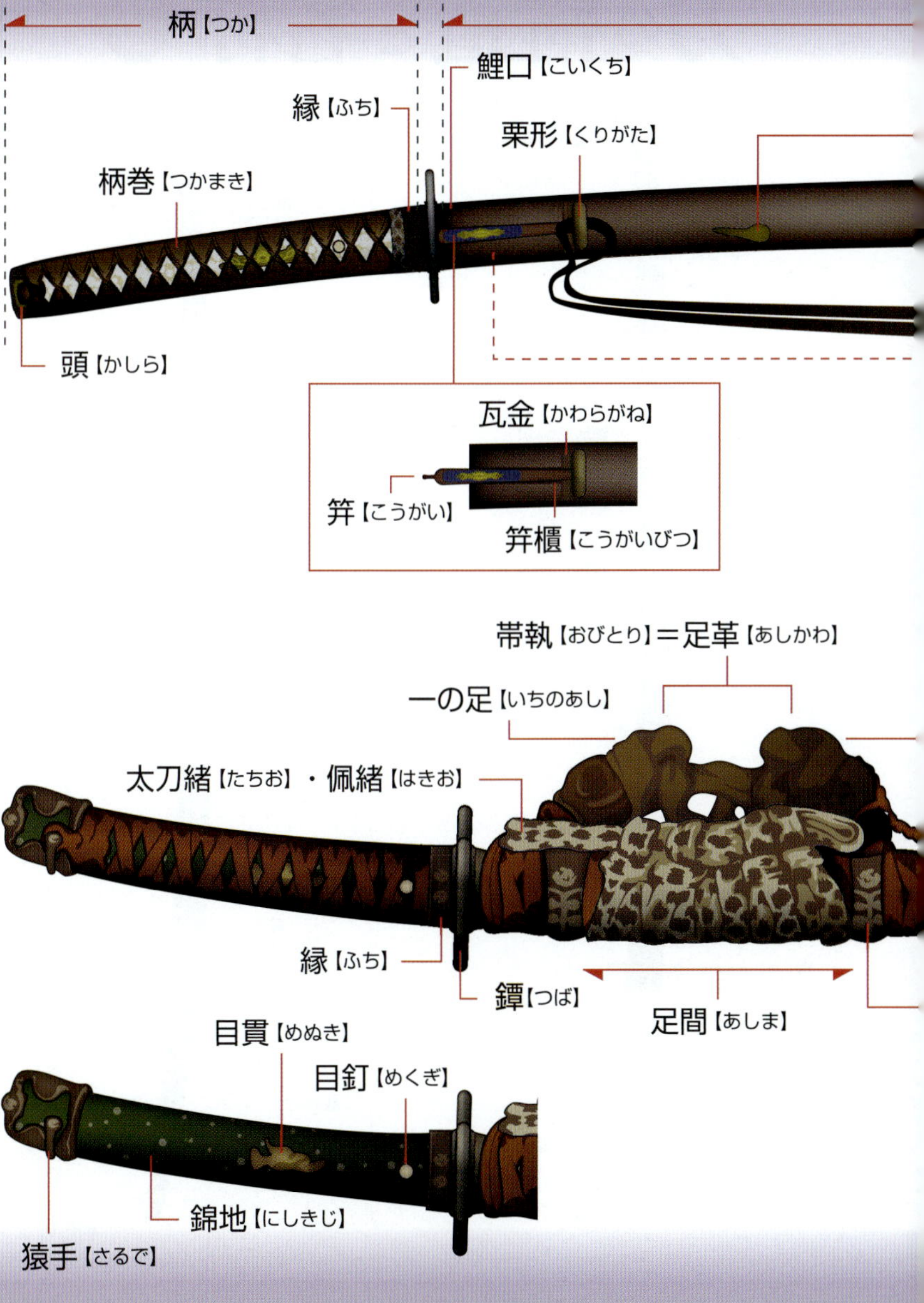

刀の構造と名称 2

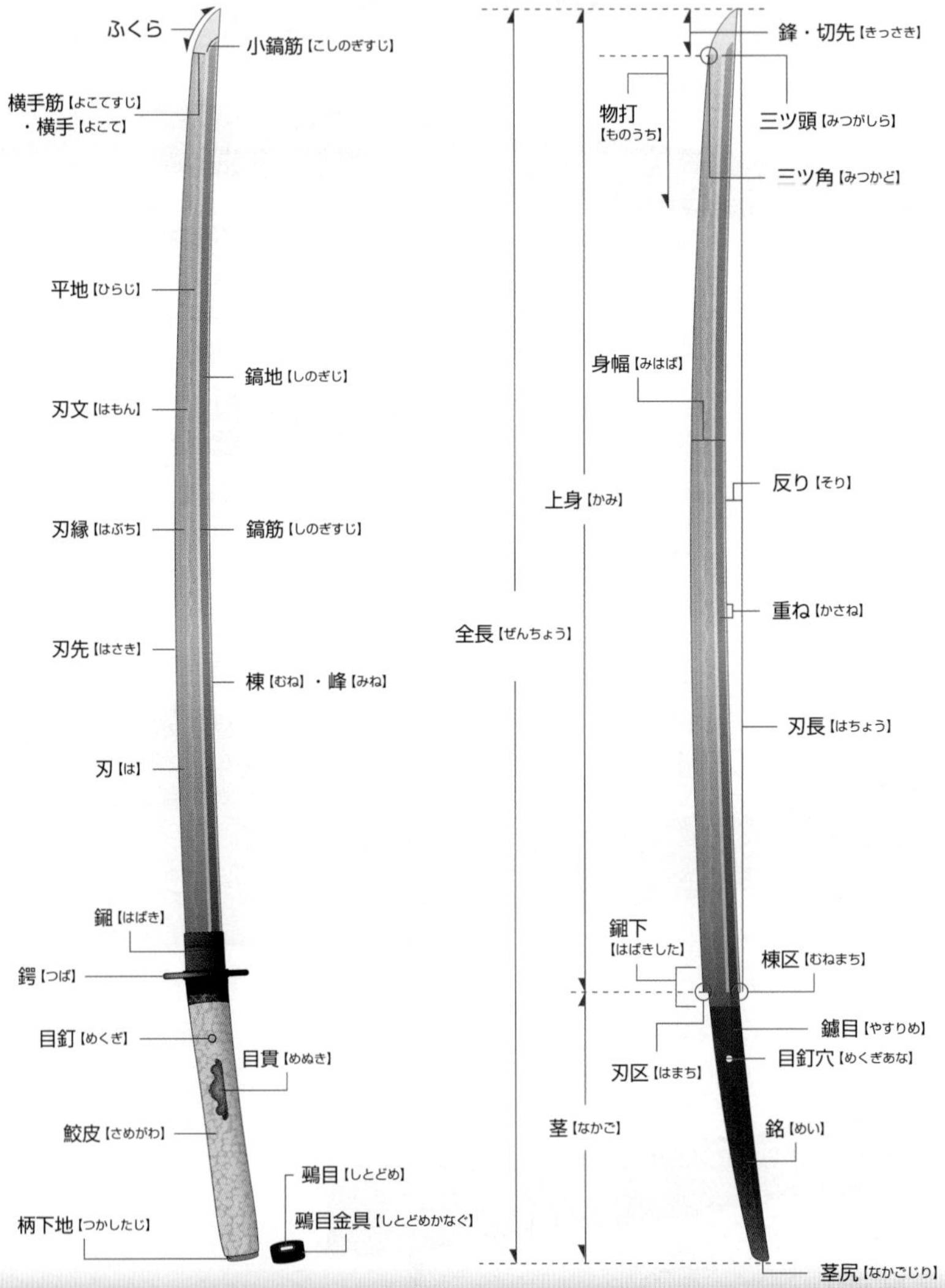

ふくら
小鎬筋【こしのぎすじ】
横手筋【よこてすじ】
・横手【よこて】
平地【ひらじ】
鎬地【しのぎじ】
刃文【はもん】
刃縁【はぶち】
鎬筋【しのぎすじ】
刃先【はさき】
棟【むね】・峰【みね】
刃【は】
鎺【はばき】
鍔【つば】
目釘【めくぎ】
目貫【めぬき】
鮫皮【さめがわ】
鵐目【しとどめ】
鵐目金具【しとどめかなぐ】
柄下地【つかしたじ】
鋒・切先【きっさき】
物打【ものうち】
三ツ頭【みつがしら】
三ツ角【みつかど】
身幅【みはば】
反り【そり】
上身【かみ】
重ね【かさね】
全長【ぜんちょう】
刃長【はちょう】
鎺下【はばきした】
棟区【むねまち】
鑢目【やすりめ】
目釘穴【めくぎあな】
刃区【はまち】
茎【なかご】
銘【めい】
茎尻【なかごじり】

[図解]武将・剣豪と日本刀

前書き

歴史ゲームや大河ドラマの人気の中心は戦国武将や剣豪である。彼ら武士の力を象徴するのは刀であり、刀は平安、鎌倉の時代から常に彼らとともにあった。

実際の戦争において刀が最良の兵器であった時代は非常に短かった。戦場での主兵器は弓や槍、そして後には銃という攻撃的な武器であったのに対して、刀はむしろそれを使うときを想定しているのは最後のときという、防御的な武器であった。

だがそれでも武士たちは刀を愛した。

一方、世界的にも日本刀の性能の高さや美しさは有名であり、古来から現在まで美術品としても扱われている。

本書では武将や剣豪の刀にまつわる逸話をメインに紹介しつつ、日本刀の歴史やその構造などを解説する。

読み進めるうちに、日本刀は単なる武器ではなく、多くの顔を持っていることを知っていただけるだろう。

読後はぜひ実物を鑑賞することをお勧めしたい。

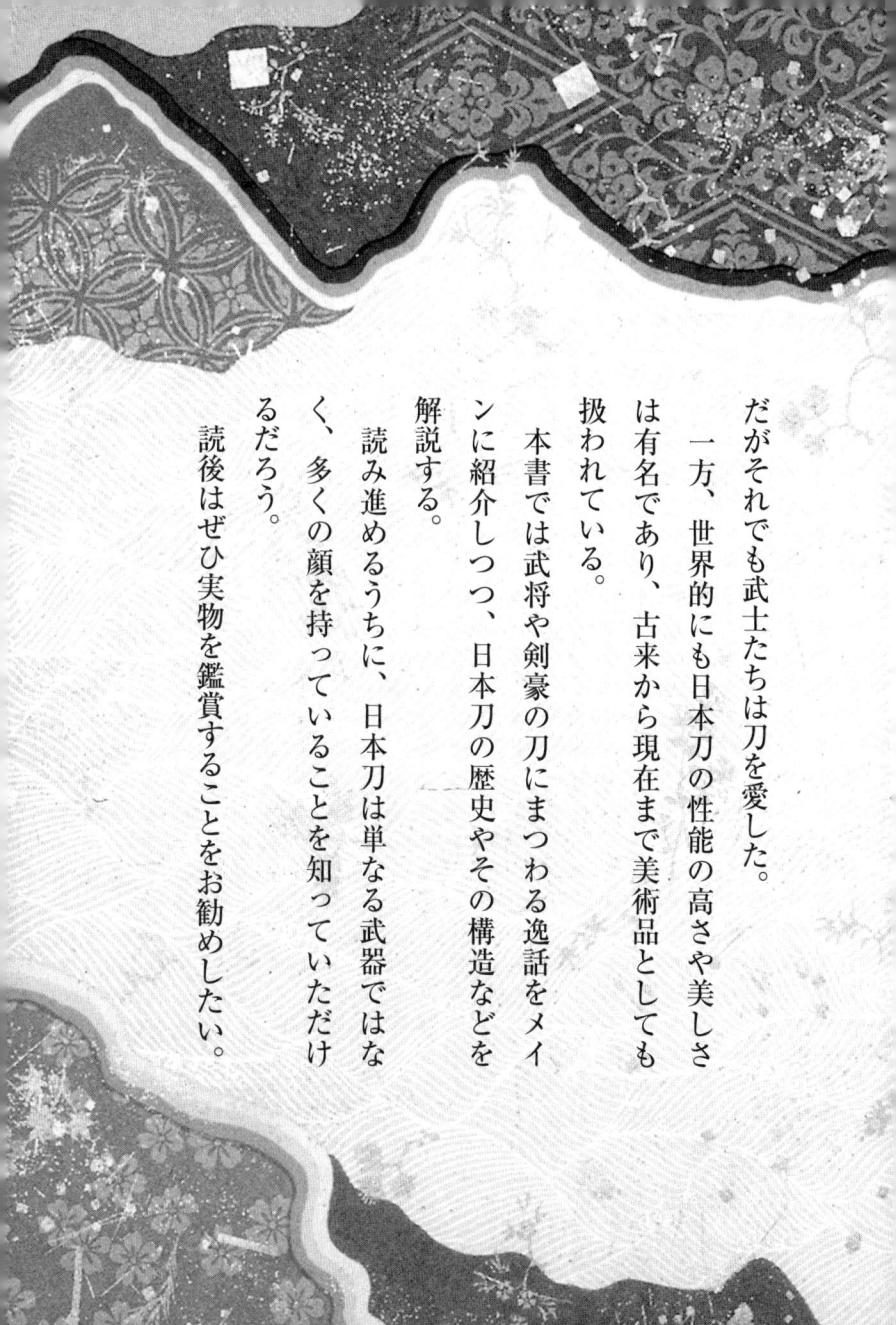

目次

第一章 日本刀の歴史

第二章 図解 日本刀

第三章 武将・剣豪たちと名刀

第四章 名匠伝

第一章 日本刀の歴史

第一章
［日本刀の歴史］

この章では日本の刀の歴史を縄文時代から江戸幕末期まで追いながら、刀とそれに関わる人間がどのように変化していったのかを紹介する。

刀は政治、経済、文化、風俗、習慣など、その時々の歴史的な背景によって変貌を繰り返してきた。それは形状のみならず、呪具や宝物、支配者のシンボルなどとして刀や「刀を持つ」というものへの意識もまた時代によって変化していったことを表す。

刀という道具の進化の過程を追っていくと、刀が武器としての存在を超えて、所持者の身分や経済力を誇示する装飾品や、神仏との密接な関わりなど持つ法具としての性格は、形を変えながらも歴史を通して存在していたということがわかるだろう。

縄文時代から奈良時代

祭祀の道具から武器へ

日本史における刀の登場は、縄文時代まで遡ることができる。縄文時代には多数の石器が使用されていたが、縄文時代晩期の遺跡からは石刀や石剣も出土している。これらは石棒という男性器を模したとされる石器に類似性が見られる。しかしこの刀や剣という名称は単に形状から名づけられただけに過ぎず、武器であるのか祭祀儀礼の道具であるのかの議論は続いている。ただ、縄文時代の遺跡からは出土する人骨で殺傷の形跡が見られるものは非常に少ないと言われている。

弥生時代になると土地や水をめぐる争いが起こったためか遺跡からは石刀・石剣がより多く出土し、甕棺《かめかん》の墓中の人骨からは石剣の先端が見つかるなど、剣が武器として扱われていた証拠が現れる。また、紀元前四世紀ごろになると朝鮮や大陸から青銅器がもたらされ、国内でも青銅器が生産されるようになり、銅剣や銅矛によって殺傷されたと見られる人骨も増える。青銅は銅とスズの合金で、スズの割合を調整することで硬度や色合いが変化する。銅に比べて硬いが加工しやすいため、鉄器が普及するまではもっとも広く使用されていた金属である。

日本では青銅器の伝来と鉄器の伝来にほとんど時間の差がなく、武器としての銅剣が活躍した時代は非常に短いものであった。銅剣は青銅を鋳型に流し込む鋳造という方法で作成されたが、鉄剣は熱を加えてハンマー等で叩きながら形を整える鍛造である。叩くことで素材の強度が向上するため、丈夫な鉄剣のほうが実用価値が高いとされた。鉄剣が主流になると銅剣は儀礼祭祀に用いられるようになっていった。

古墳時代以降

鍛造の技術が日本に伝わった後も、原材料の鉄は中国大陸や朝鮮半島からの輸入に依存する時期が続いたが、五世紀以降の古墳時代には日本でも製鉄技術が根付き、それに伴って兵器も発達するようになる。古墳からは刀剣のほかに矛、弓矢、鎧や盾などが発掘されている。出土した刀剣には柄頭の特徴が見られ、いくつかに分類されている。鹿の角で装飾された「鹿角装刀《ろっかくそうとう》」、柄頭に環状の飾りをつけた「環頭大刀《かんとうのたち》」、柄頭が拳のような丸い形の「頭椎大刀《かぶつちのたち》」、柄頭が圭という宝玉の形に似た「圭《けい》頭大刀《とうたち》」など、その形には大陸から渡ってきた形式と日本で独自に発達したと思われる形式が見られる。

こうした装飾の施された刀剣は武器としての性格を持ちつつ象徴的な意味も兼ね備え、政治や祭祀、軍の指揮を司る権力者のみが所有していたと考えられている。

国内で製鉄が可能になっても大陸文化の影響が強く、推古天皇の詠んだ歌にも蘇我氏を呉(中国南方の地名)の刀と並べて称えたものがあり、奈良時代にも「唐大刀」「唐様大刀」「高麗様大刀」など舶来のきらびやかな刀装が権力者たちの腰を飾っていた。

形状や製法の変遷

弥生時代の銅剣は両刃の剣が主流で、鎬のない平造と呼ばれる形式の刀も登場する。古墳時代以降は時代が下がるにつれて鎬筋が刃に近い部分にある切刃造《きりはづくり》がうまれた。まだ刀身に反りはなく、斬ることよりも刺突を目的とした直刀であった。古い形式ということで単に鉄板を鍛えてそれに刃をつけて刀としたイメージがあるが、板を半分に折り棟で合わせる技法が使われている。

飛鳥時代以降になると刃文をはっきりと確認できる刀剣が存在し、土置きをしていたと考えられている。土置きとは焼を入れる前に刀身に粘土を塗ることで、塗られた粘土の厚みから加熱や冷却の時間に差を作り、鋼の性質を変化させる技法である。塗りの薄い部分は硬く、厚い部分は柔らかく粘りのある鋼となるのだ。

日本刀としての位置

奈良時代以前の刀剣は上古刀《じょうことう》と呼ばれ、一般的な日本刀とはやや異なる。「日本刀」という言葉が初めて見られるのは北宋時代の詩であり、日本の時代にすれば平安時代後期となる。

しかし、古代から奈良時代までの日本人と刀剣の関わりをみると祭祀の道具、兵器、権力の象徴や装飾性など、刀に対する姿勢は平安以降の時代と大きな差は無いと言えるだろう。そして程度の差はあれ日本以外の古代社会でもそれは共通している。

平安時代から鎌倉時代

直刀から湾刀へ

平安時代前期から中期にかけても当時の主流は直刀であった。しかし、平安初期に作られた小烏丸という刀には反りが確認されている。また今までは刃に近い部分にあった鎬筋が刀身の中央寄りへと移動している。平安前期の武将、坂上田村麻呂が蝦夷征伐に向かったとき、蝦夷軍は柄が湾曲し騎乗でも扱いやすい「蕨手刀《わらびてとう》」を使用し、田村麻呂は大いに苦しめられたという。文化の異なる集団との度重なる戦いを経て刀剣の技術が発展していったのだろうと思われるが、この時代は文献も遺品も少ないために明確なことはわかっていない。

平安時代中期以降、次第に反りをもつ刀が増え、切刃の幅も広くなっていく。鎬造で反りが付いた刀が普及するのは、平将門が関東で反乱を起こした一〇世紀頃と推測されている。この時期には刀の他に「大鎧」という新しい形式の甲冑が生まれており、武家の発展と武力闘争が頻繁に起きていたことがわかる。

武家の台頭と刀の発展

武家の勢力が増してきた平安時代末期には刀の需要が高まり、作刀に都合の良い地域に刀工達が集まり始めた。良質な砂鉄がとれる伯耆《ほうき》の国・政治文化の中心地の山城、大和などである。刀工が集団化し、いくつもの流派が生まれるようになった。それに伴い刀の様式と性能はさらに発展していくことになる。同時に刀装も武家と公家ではっきりと分かれ、所持の目的を区別する制度も生まれた。

武家は毛抜形太刀という実戦向きの刀を、公家は飾剣《かざたち》や細剣《ほそたち》という装飾性の高い刀を持った。毛抜形太刀は柄と刀身が一体で、柄に毛抜き形の透かしがあり、鐔元から雄大な反りを持たせた刀である。反りは騎乗での抜刀や斬撃を容易にし、鋒に近い部分はまっすぐなので刺突にも適している。毛抜き形の透かしは斬撃の際の衝撃を緩和するという説がある。柄と刀身が分かれた鎌倉時代以降も毛抜き形の様式は残り、毛抜き形の金具を柄につけていた。一方、飾剣は薄い鉄芯を刀身の代用にした文字通り飾りの刀である。金銀や螺鈿《らでん》など贅沢な装飾を施したまさに宝剣といった刀だが、階級の低さや経済的な理由で飾剣をもてない貴族は、装飾の簡素なものを用いた。これは細剣と呼ばれる。

　飾剣は「剣」の字が当てられているが読みは「断ち」に由来する「タチ」である。当時は刀剣に付ける文字によってその刀剣の性格を表していた。「大刀」は戦に使用する実戦用のものに、「剣」は貴族階級のもつ刀剣や神器としての刀剣に対して当てていたとされている。大刀が実戦の刀として発展してゆく過程で表記も「太刀」と変わっていった。鎌倉時代になるとこの使い分けはあいまいになり細太刀という奇妙な表記もされるようになる。

　度重なる戦と刀工の工夫によって鎌倉時代の刀はさらなる発展を遂げた。鎌倉幕府では各地から名工を鎌倉に招聘し、名工正宗によって相州伝と呼ばれる流派が確立した。

　刀身はより長大に、反りも腰反りから中反りへと変化した。身幅が広く重ねも厚く頑丈となり、鋒は長さが詰まって猪首鋒《いくびきっさき》と呼ばれる勇ましい形に変化した。拵も堅牢さを第一とした実戦的なものが好まれた。戦闘用の刀装の基本形として「黒漆太刀」というものがある。柄を鮫皮やなめし革で包み、その上から革紐や黒糸で堅く巻き締め、鞘には厚く黒漆を塗り堅固な作りになっている。また、このころから太刀の添え差しや組討ちの武器として「腰刀」と呼ばれる短刀も活発に作られるようになった。腰刀は短くて軽いので平時の護身用として愛用された。

武家が政治的な力を持つにつれて武士の中でも身分の差が生まれた。高位の武士は豪華な装飾の太刀を身につけて威厳を示した。当時の権力者が佩用《はいよう》した兵庫鎖太刀はその名の示すように、太刀を帯に装着する部分に編みこんだ鎖を使用し、公家の飾剣とはまた違った重々しく豪壮な仕上がりになっている。

兵庫鎖太刀はその貴重性からいつしか神前に捧げる奉納用へと転じ、儀礼用の刀として製作されるようになった。現在も各地の神社には当時奉納された数々の太刀が保存されている。厳島神社には兵庫鎖太刀が六口現存し、それぞれに鎌倉幕府から「天下泰平」「国土豊稔」「息災延命」などを願う寄進状が添えられていた。上代から続く刀剣と神との関わりは鎌倉時代にも続いていたといえる。

南北朝時代から室町時代

蒙古軍がもたらしたもの

鎌倉時代末期に起きた文永・弘安の役は、武士にとっても日本刀にとっても一つの転機だった。蒙古襲来前の日本の武士の戦法は一騎打ちであったため、集団戦を仕掛けてくる蒙古軍との合戦はそれまでの戦の形式が通用せず、非常な苦戦を強いられたという。刀も当時は焼き幅の広いものが好まれたが、これは乱戦時に何度も太刀を合わせると折れやすくなる弱点があった。そのため備前の刀工、景光などはこの時期を境にそれまでの焼幅の広い作風から、直刃で焼幅の狭い作風へと変化したと言われている。焼きが入ると硬度は高くなり、硬度に比例して裁断力も高まるが、それだけ欠け易くなるという弱点を持つ。焼幅を狭くすることで刀を打ち合わせた際の刃へのダメージを減らすという工夫である。刀身も身幅を広く、重ねを厚くしてより堅牢になっていった。

拵もこれまでの黒漆太刀をさらに丈夫にした革包太刀が出現した。革包太刀は黒漆太刀を基本として柄や鞘を革で包み、その上に漆を塗って革紐や組紐で巻き締めた非常に丈夫な拵である。革包太刀は鎌倉時代末期より実に二五〇年にわたって実戦で主要な太刀として使用された。

武器の多様化と長大化

南北朝時代に入り、幕府体制の崩壊から各地で動乱が起こり、刀の需要はさらに高まっていく。刀の性能が向上するとともにその大きさも鎌倉時代の姿をさらに豪快にしたものになり、どんどん長大化していった。これには戦闘様式が弓馬を使った一騎打ちから、徒武者たちの集団戦闘に変化したことも影響している。

南北朝時代の太刀は通常のものでも三尺近い大振りな太刀であったが、その長さを上回る野太刀や大太刀という刀が出現する。野太刀と大太刀の区別はそれほど厳密ではなく、野戦に使う太刀、大型の太刀といった意味である。

長大で身幅の広い刀では当然その重量もかなりのものになる。そこで重ねを薄くして軽量化し、それによって生じる強度の低下を数種類の鋼を組み合わせて鍛えることで補った。これが刀工正宗によって確立された相州伝という鍛錬法である。また、この技法は異なる鋼を使用することにより刀身の地肌にも複雑な模様が生まれ、日本刀の美しさにも深みを与えることになっている。

武器が長大化することによって「鎧通し」という組打ちの際に扱いやすい短刀も出現した。鎧通しは身幅が狭く反りの無い分厚い短刀で、鎧の隙間から突き刺すことを目的とした短刀である。鎧通しは「馬手《めて》差《ざ》し」といって、腰の後ろ側に柄を右手側に向けて差し、とっさに使用できるように佩用の仕方にも工夫がなされた。

また、徒武者が増えたことにより、それまで使用されていた薙刀に加えて様々な長柄武器が使用された。馬上の武者を引き倒す熊手や薙鎌、鎧の上から打撃を与える金砕棒、大太刀を鐔元から刀身中ほどまで紐で巻き締めて柄を長くして扱いやすくした中巻野太刀。中巻野太刀は後に長巻と称され、『太閤記』によると「長巻は三尺あまりの太刀を鞘なしに柄四尺にして徒立の士に持せしなり」とあり、戦国時代にも活躍していたことがわかっている。これらの薙刀や長巻は後年、長巻直しや薙刀直しといって茎を大きく磨り上げて切っ先の反りを削ぎ取り、脇差や短刀に仕上げ直されることもあった。
『太平記』には四尺六寸の大太刀を持った阿保忠実《あふただざね》と一丈の八角棒を抱えた秋山光政が一騎打ちをする場面が描かれている。南北朝時代は戦の様式が変わったとはいえ、本格的な集団戦闘へと変化する移行期であり、まだ個人の腕力や武芸の腕が大きく物を言った時代である。勇ましさを好む武将たちは好んで長大な武器を持ち戦っていたことがわかる。時代を経て戦国の世になっても上杉謙信が大太刀を持った偉丈夫を自分の周囲に置いたり、朝倉家も刃渡り四、五尺の大太刀を使う「力士勢」という軍団を持っていたという。

　このことから「長大な武器を使う」という行為はかつての貴族が刀装の豪華さでその地位を誇示したのと同様に、武士にとってはある種のステータスであり、大太刀や長柄武器は実用もさることながら、己の力量を示す格好の道具であったといえるだろう。

　南北朝時代の騒乱が収まり室町時代初期を迎えると、安定した政権の下で大きな武器は不要とされ、刀は腰反りのついた優美な姿へと変化したが、室町幕府の政権は長くは続かず再び乱世へと突入する。

安土桃山時代から江戸時代

打刀の登場

戦国時代に生じた刀の変化といえば、帯で腰に「佩く」太刀から抜打ちが容易な腰に「差す」打刀に変化したことがもっとも大きい。室内での戦闘も考慮して大小二本の刀を使用するようになったのもこの時代からである。戦闘方法も下克上の時代背景にふさわしく完全な実利実力本位であったため、前代の騎馬同士の個人戦闘は衰退し、代わりに密集陣形の歩兵による本格的な集団戦闘に取って代わられた。集団戦闘において、長くて重い大太刀は動きにくく疲れやすいために次第に廃れてゆき、軽量で装備にも時間のかからない打刀が使われ始めた。それまで使われていた太刀は短く磨り上げられ、その姿を打刀と同じくするようになる。

打刀の拵は、まず柄の補強と握りやすさを向上させるために縁金物を嵌め込み頭に角細工を施して取り付け、鮫皮を巻き表裏に目貫を据え、上から革紐や組紐を用いて強く巻き締めた。鞘は湿気から刀身を保護するために黒漆を塗ったものが多い。また抜刀時に鞘ごと帯から外れないように栗形や返角といった突起が設けられた。

現存する打刀で最古のものは春日大社に伝わる「菱作打刀《ひしづくりうちがたな》」というものので南北朝時代のものと言われている。また、平安末期に描かれた『伴大納言絵詞』には下級武士が打刀を差している場面があり、その存在自体は古くからあったという説もある。しかし鎌倉時代以前に遡る打刀の実物が存在しないために、打刀がいつから存在していたのかは明確にはわかっていない。

数えきれないほど戦が起こったために刀の需要も爆発的に増え、製鉄技術にも飛躍的な進歩が起こった。大規模なたたら製鉄が行われるようになり、地鉄にも大きな変化が現れてきた。備前と美濃が中心となって「数物」と呼ばれる実用本位の刀が粗製乱造されて各地に供給された。一方で武将や大名は自分の刀を刀匠たちに特注した。これは「注文打ち」と呼ばれておりいずれも名刀揃いである。

刀鍛治の世界においても戦国時代には大きな事件があった。吉井川の度重なる氾濫によって鎌倉時代より続く備前長船一派が壊滅し、備前鍛治の伝統は途絶え、代わりに美濃鍛治が最盛期を迎えることになる。全国各地の大名は美濃の鍛冶をこぞってお抱えの刀工とし、美濃鍛冶たちは主が日本各地へ転封に伴い全国へと広がった。

絢爛な拵の登場

安土桃山時代になると、南蛮渡来の文化や商人たちの力を背景に豪華で派手好みの文化が生まれた。それまで黒漆塗りの実用的だった刀も大きく影響を受けた。柄や帯取りに金や紫の組紐を巻くことから「糸巻太刀」というものが登場し、鞘には金梨地に所有者の家紋を金蒔絵で描いたものや、鞘全体を薄い金の熨斗板で包んだものがあり、どれも豪華絢爛な拵となっている。もとは武家の儀仗用の太刀で刀身も優れたものが収められていた。糸巻太刀は江戸時代に入ると贈答や氏神への奉納品として用いられるようになる。

この時代の刀には、人目を引く豪華な装いのものと、戦場で使用する簡素な刀の両方が存在していた。人心掌握に長けていたとされる秀吉には諸将の刀のみを見て持ち主を全て言い当てたという逸話がある。これも大名たちがそれだけ刀に己の個性を反映し、まさに自分の分身としていたためといえるだろう。

徳川家康による天下統一がなされて間もない一七世紀前半には朱鞘の長刀に大脇差というういでたちの男たちがまだ存在し、全国に数千人の盟友がいたとされる大鳥逸兵衛は三尺八寸という太刀に「二五迄いき過たりや　一兵衛」と切りつけ、命と同じように大事にしていたという。

一方、現実主義者として有名な徳川家康は刀への華美な装飾を嫌い、従来どおりの黒漆塗りの拵を愛用しており、刀に対しては「よく切れて使いやすい」ということのみを求める人物であったために「刀は二尺八寸九分以内、脇差は一尺八寸以内を用いるように」と規定した。同時に人目に立つ大鍔、大角鐔、朱鞘、白檀塗りの鞘の使用も禁止もしている。これは長大な刀を持つことで鞘当から生じる無用の喧嘩を防ぐためでもあり、前述の法度と一緒に「道の端を通るように」という通達も出している。徳川家康は、刀に対して厳格なる武士の象徴としての存在を求めたと言える。しかしこの刀装への規制は繰り返し公布されているところから、江戸時代においても人は刀装に自分の美意識を反映させ続けていたことがわかる。

江戸時代中期から幕末

実用から象徴に

江戸時代初期にはすでに腰に差す大小の刀は同一の形式で作製する形が定着しており、武家諸法度によって刀の寸法や身分による所持の規制が制定された。「二本差し」は武士の代名詞となり刀には実用性よりも象徴としての色合いが濃くなっていく。当時の大小の拵には普段に帯用するものと儀礼の場に用いるものに分けられた。儀礼用の大小には「柄頭には水牛の角を使用し、黒漆を塗って用い、柄糸は黒糸で菱巻き。鞘は黒色を帯びたもので、栗形は角味をおび、鐺は大は一文字で小は船底方。拵に付ける鐔や三所物などは赤銅磨地か魚子地を用いて家紋を据える。下緒は柄巻と同じ色」などと細かい原則が定められていた。

これに対して普段使用する大小は色鮮やかな柄巻を使い、鞘にも様々な素材を使用し、変化にとんだ塗装が施された。凝ったものでは鞘を鮫皮で包み朱や黒漆を塗って鮫皮の凹凸を埋め、それを研ぎ出したものなどがある。鐔や金物にも金、銀、赤銅を用いた細やかな象嵌や七宝を使った色鮮やかな装飾などがみられる。また、町人も脇差を一本だけは差すことが許されていたため、裕福な商人などは大金を投じて贅を尽くした拵を作らせた。このために拵に関係する職人たちは著しく技術を高め、刀装を芸術の域にまで昇華させた。

一方、刀工たちにとっても江戸時代は様々な変化をもたらすことになる。江戸を始めとした城下町で刀鍛冶は大いに栄えたが、大小差しが制定されたことで短刀の需要がなくなり江戸期以降の作刀は急激に減少する。当時の剣術道場で主流となった竹刀による稽古に合わせて、刀も反りのない竹刀に似た姿のものが流行した。これは寛文新刀と呼ばれ、江戸時代の刀の大きな特徴となっている。

また、これまでは各地の刀工流派で産出された鉄素材の違いから地鉄に特色が現れていたが、世情の安定が流通を円滑にしたために、全国に均質な鋼が出回り、地域の差が少なくなった。このために刀剣史では慶長以前と以降に作刀されたを「新刀」「古刀」と呼んで区別している。新刀の特色として、全国へ広まった美濃鍛冶の技法が挙げられる。商業地の大阪にも刀工が集まり、豪商たちを客として作刀された脇差は「大阪新刀」と呼ばれる。金に糸目をつけずに品質の高い地鉄を用いたことにより、大阪新刀は新刀の中でも特に地鉄が美しいとされている。

太平の世が続き、刀は武士の象徴や町人の贅沢品として扱われる一方で、刀本来の持つ武器としての性能を評価する手段が新たに生まれ、所有者に代わって試し切りを行う者が登場した。これは刑死した者の人体に刀を振るってその切れ味を評価するものだが、試し切りをする人物は「御様御用《おためしごよう》」という死刑執行人を兼ねた幕府の役人である。彼らの中でもっとも有名なのは山田浅右衛門であるが、これは一人を指す名前ではなく代々名乗った名前であり、全て数えると八代一〇名になる。彼らは職務の経験を生かして刀剣の鑑定なども行い、切れ味による刀の格付けを『懐宝剣尺』という本にまとめている。

幕末に甦る刀

百年以上も平和な時期が続いたために刀の需要は次第に減り、各地で隆盛を極めた刀工たちも次第に苦しい状況を迎える。しかし、安永期に水心子正秀をはじめとする意欲的な刀工たちが登場する。彼らは刀剣復古論を提唱し、古い時代の刀を研究し、鎌倉・南北朝時代の刀を再現した。彼らによって作られた刀は「新々刀」呼ばれ、製鉄技術の向上によって得られた地鉄を使い無地に近い刀身が特徴となっている。また逆に作為的に肌目を出した刀や古刀の写し物も数多く出現した。それまでよりもさらに多様な刀が作られた時代といえる。

幕末動乱期になると刀は再び武器としての性格を強めた。尊攘派と佐幕派の闘争は熾烈を極め暗殺が横行した。当時の武士は皆帯刀していたために刀がもっとも目立たない武器として使用されたのだ。闘争の時代に合わせて拵もまた華美なものから実戦的な者へと変容していった。

幕末の動乱は大政奉還によって終結し、廃刀令が公布され日本刀の歴史は終わるかに見えたが、刀はサーベルや軍刀に姿を変えて警察官や軍人の腰に収まることになる。両手握りのサーベルとして日本独特の姿をもち、連綿と続いてきた武人の精神や階級を象徴としての役目を終戦まで担うことになるが、終戦を迎えた現代では世界に誇る美術品として審美の対象となっている。

日本刀の製法

刀の製法は当時の最先端テクノロジーであり秘伝の技だった。まず原材料の鉄からして現在のように鉄鉱石から精錬するのではなく、砂鉄を集めて鋼に鍛えていたのである。これだけでも大変な作業である。そうして出来た八～一〇キロの玉鋼をさらに高熱で熱し、叩き続けることで一キロほどまでに鍛練する。また一本の刀を鍛えるには二〇俵の炭が必要だという。大変なコストと時間がかかる作業である。

そうして出来た鋼だが一種類の鋼だけでは刀は出来ない。刀は硬さと切れ味を求めるともろくなり、耐衝撃性を求めると切れ味が落ちる。そのため部位ごとに強度の違う鋼を組み合わせる必要があった。刃金の部分には切れ味を持たせ、背に当たる棟金や中心の心金には弾力を持たせるのである。それを頑丈な側面の側金で守る。

この組み合わせは非常に難しく、工程が複雑化することで鋼同士がうまく定着せず、逆に強度を落としてしまう危険性もあった。

鎌倉時代などの古刀は無垢鍛えといって一種類の鋼のみで作っているが、これは複数の鋼を混合して強度と切れ味を持たせている。また鉄自体、古い方が炭素含有量が多く良質だったとも言われている。江戸時代にはすでに良い鉄が手に入らなくなったという声が聞こえはじめ、古い寺などに使われていた釘など古鉄を再利用する刀工が多かったほどである。

第二章

図解日本刀

第二章

［図解日本刀］

この章では日本刀の構造や名称について解説していく。刀を構成する要素は非常に多いため、本章はその代表的なものをピックアップして紹介する。

あるときは戦の道具として、あるときは身分の象徴としての性格を持つ刀に対して刀工たちは日々工夫を凝らし実用性、装飾性の高いものを生み出し、刀は時代と共にその形を変えていった。そのため、刀の形状は時代と刀工流派を知る大きな手がかりになっている。

また、刀装具も実用と装飾を兼ね備えた工芸品であり、所用している人の好みや性格を大きく反映する。もし本書を読んだ後に刀を鑑賞する機会があったら、美しさや芸の細やかさを堪能しつつ、その刀の生まれた時代を推理してみるのもいいだろう。

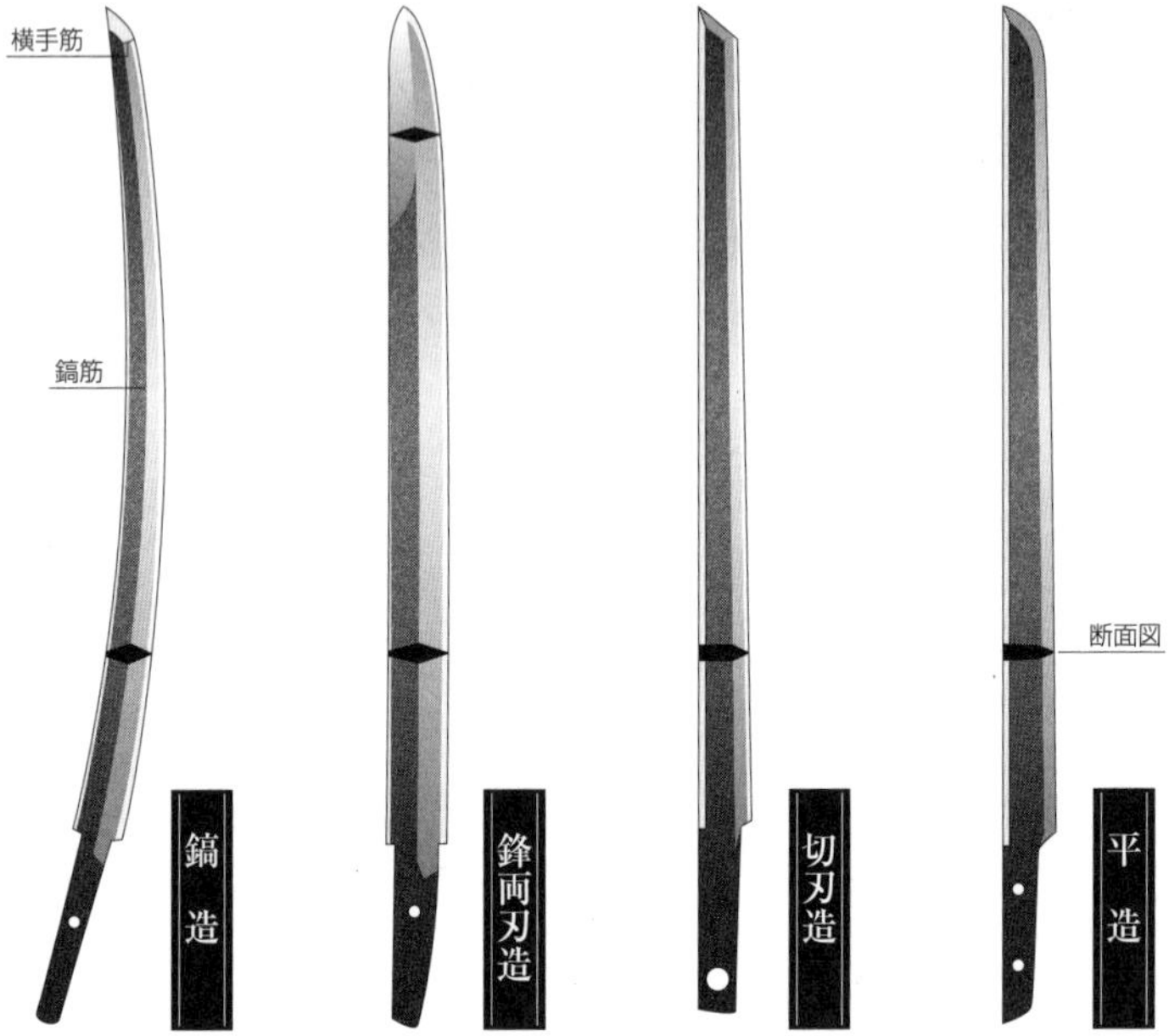

刀剣の形状分類

「造込み」

刀剣の形状のこと。反りの格好や鎬の有無、各部の厚みの違いや棟の構造なども含む。

■平造【ひらづくり】

鎬筋を作らない平面の造込み。上代初期の直刀に見られ、切れ味に優れる。短刀や脇差に多いが南北朝中期から室町後期の太刀にもある。

■切刃造【きりはづくり】

平造に次いで出てきた造込み。鎬状の筋が刃に寄っているのが特徴。彎刀《わんとう》が現れる以前の奈良時代の直刀に多く見られる。

■鋒両刃造【きっさきもろはづくり】

棟部分が両刃になっている造込み。切断と刺突を目的とし、直刀から彎刀の移行期のもの。代表的な刀剣から小烏丸造とも呼ばれる。

■鎬造【しのぎづくり】

平安時代以降の彎刀に見られる造り。刀身に鎬筋を立て、横手筋をつけて鋒部分を形成する日本刀らしい形。

■両刃造【もろはづくり】

鎬筋を境にして左右に刃が設けられた造込み。短刀に多く見られる。刺突と切断の効果を追求した形。

■片切刃造【かたきりはづくり】

刀身の片面が切刃、もう片面が平である造込み。奈良時代以前の直刀に見られる。江戸初期にもこの造込みの脇差や短刀が作られた。

■菖蒲造【しょうぶづくり】

横手筋がなく鎬筋が茎から切先まで通っている造込み。姿が菖蒲の葉に似ていることから。突き刺すのに適し短刀や脇差に多く見られる。

■冠落造【かんむりおとしづくり】

棟を削ぐ点で鵜首造と似ているが、冠落造は鎬地の棟側が中ほどから切先まで削がれている造込み。

■おそらく造【おそらくづくり】

反りが高く中ほどに横手筋を設けた切先が大変大きい造込み。島田助宗作の短刀に「おそらく」という彫刻があったことから。

■鎧通造【よろいどおしづくり】

身幅を狭めて重ねを厚くし、丈夫な鎧の隙間から刺し貫けるような形にしたもの。刃中も短く組打ちに適した造。

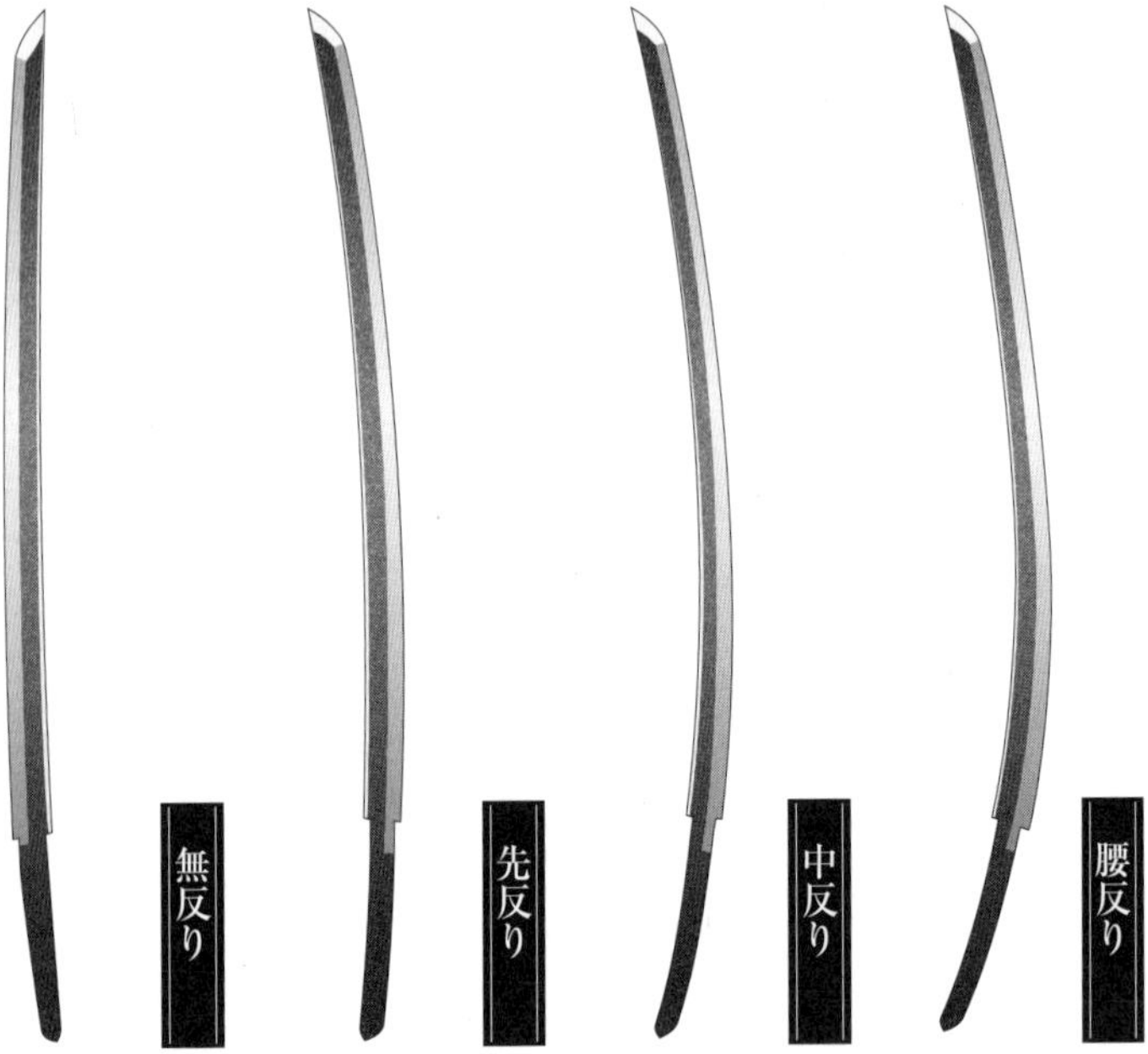

「反り」【そり】

刀で効果的な斬撃を行うには叩いて引く必要があり、その際の衝撃を吸収し、切り抜けを容易にするため反りがつけられた。また、抜刀を容易にする意味もある。戦闘様式の変化と共に反りの大きさや位置も時代によって違いがある。

■腰反り【こしぞり】

反りが腰の辺りで最も強い体配。柄を反らせて効果を出していたものから発展し、平安時代の末期から室町時代の初期に多くみられる。特に備前物には腰反りが多い。江戸期にも備前物の古作を手本とした刀工の作品にもみられる。

■中反り【ちゅうぞり】

反りの中心が中央にある体配で輪反りともいう。また、鎌倉時代の山城物に多く見られることから京反りとも呼ばれる。神社の鳥居に渡されている笠木の形に似ることから鳥居反り、笠置反りとも。

■先反り【さきぞり】

反りが物打ち付近でさらに加わっている様子をいう。腰反りが騎乗時での抜刀や斬撃に適していたのに対し、徒歩戦が主流となる室町時代後期から安土桃山時代以降の打刀に多く見られる。地上での抜刀、操刀での利便性を追求した結果の形。

■踏張り【ふんばり】

腰反りの形態の一つを表現する言葉。身幅が先端にいくにしたがって極端に細くなり、そりが高く鋒がうつむき加減の刀身の腰元部分をいう。平安時代から鎌倉時代の太刀に多く見られる。踏張りのある刀身は力強く優美だとされる。

■内反り【うちぞり】

打刀とは逆に刃先側に反っているもの。通常の反りは鍛造の工程で反りを出すものだが、この反りは刃の研磨によって生まれる。上古時代の直刀や鎌倉時代の短刀にみられる。

■筍反り【たけのこぞり】

内反りの一種。上身が刃の方向に傾いているために、極端な内反りに見える。短刀によくみられる。研磨によって反りを得ているため、腰反り、先反りなどと比べると反りの深さは非常に浅い。

■無反り【むぞり】

江戸時代中期、寛文の頃には突き技を主体にした剣術が隆盛し、道場では竹刀を用いた稽古が主流になったため、それに合わせて反りの少ない刀やまったく反りの無い刀が作られた。また、鎌倉時代の短刀には反りの無いものが多い。

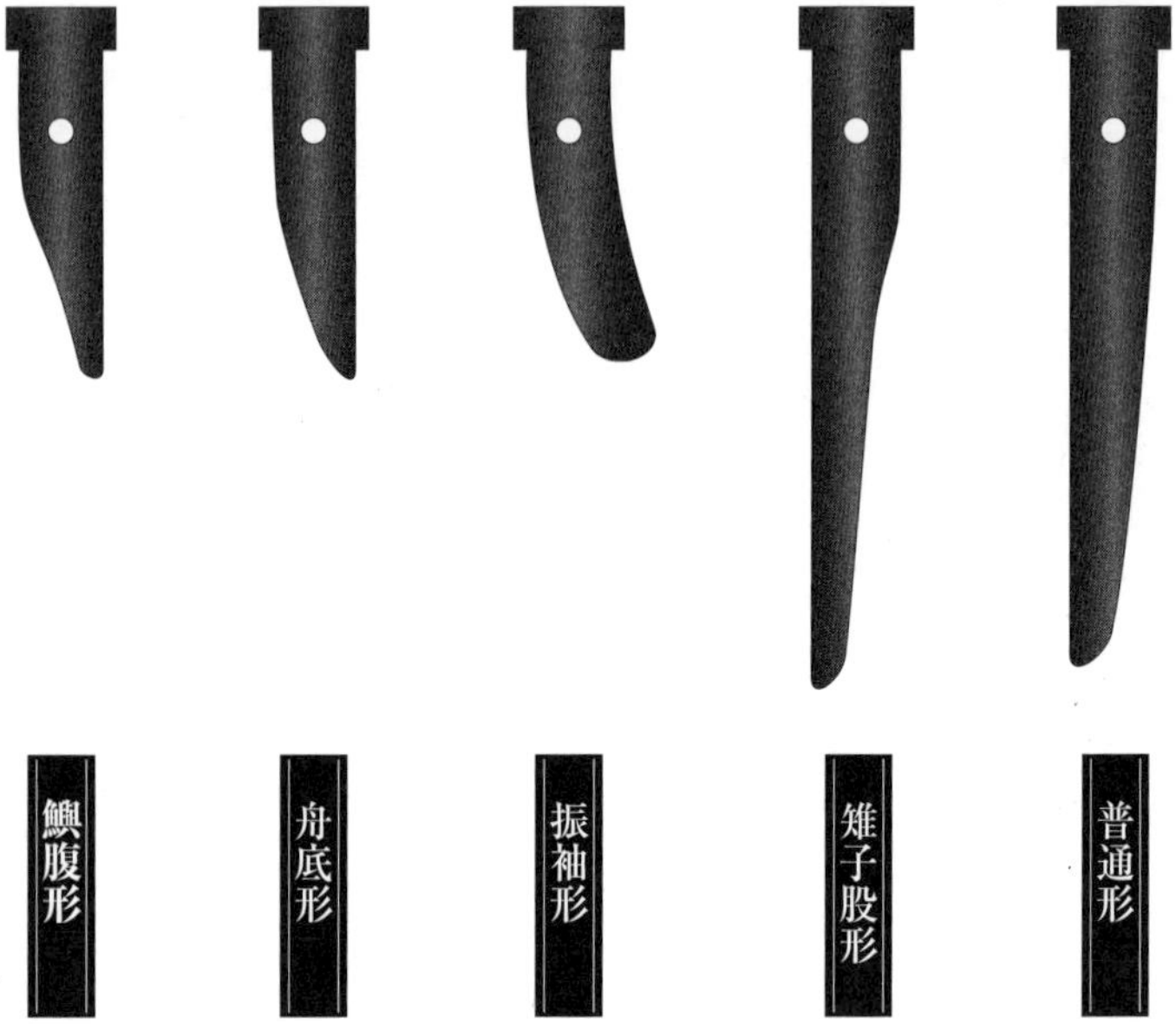

■刀剣各部の名称と種類

「茎」【なかご】

刀身の柄に収まっている部分。目釘穴が開けられ、目釘が柄を貫くことで刀身を固定する。控え目釘といって二本の目釘で固定されている刀もある。茎の形状の違いは機能よりも作者や流派を表わしている。

■普通形【ふつうがた】

一般的な形状。多くの刀はこの形である。

■雉子股形【きじももがた】

鳥の脚に似ていることから呼ばれる。平安時代から鎌倉時代に見られる。この時代の柄には鋲が付けられるために茎を細くする必要があった。

■振袖形【ふりそでがた】

茎の先端が広いままで、中ほどで曲がる形から着物の袖を連想してつけられた。鎌倉時代の短刀に見られる。

■舟底形【ふなぞこがた】

刃側が緩やかに曲線を描き茎の下端が細くなっている形状。相州伝の刀工にみられる。

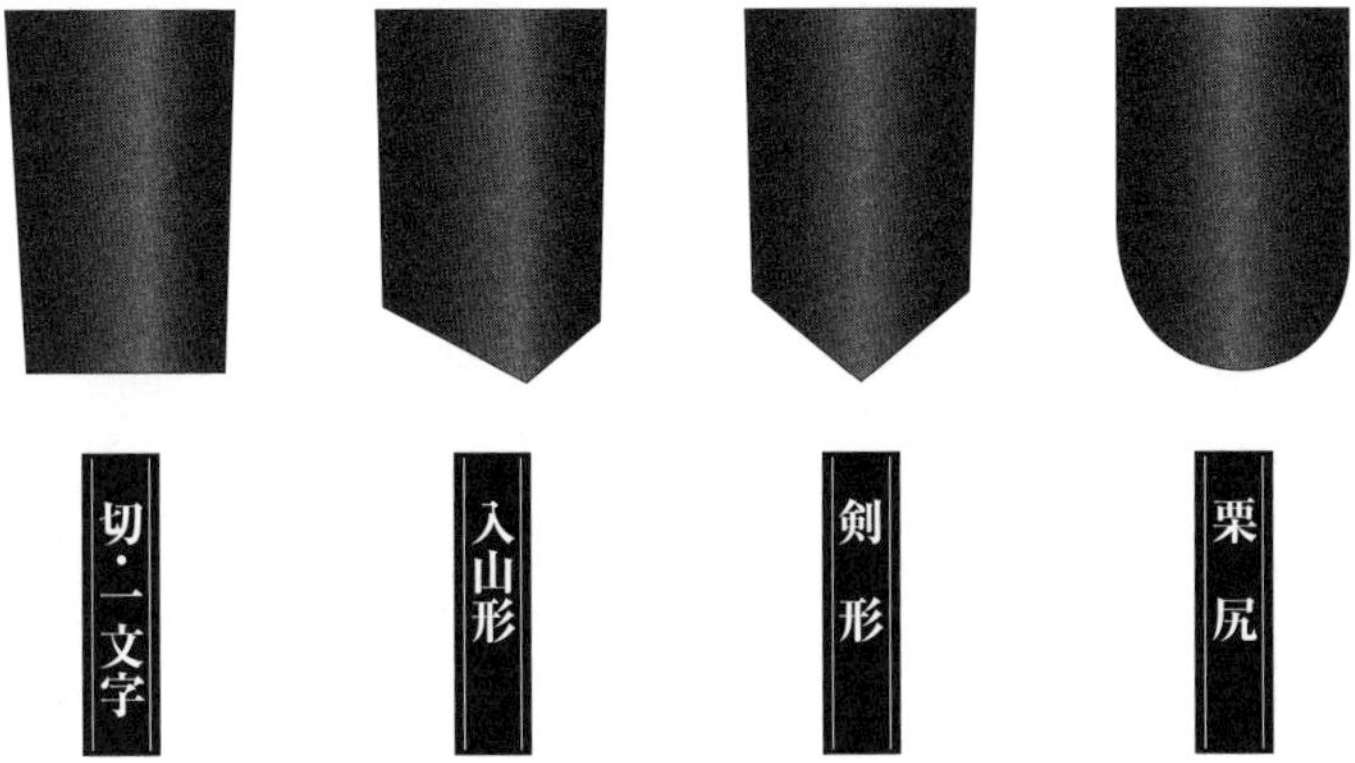

■鱮腹形【たなごばらがた】

茎の下端が極端にくびれている。魚のタナゴに似ていることからこの名がついた。村正とその一門の作品に見られる。

「茎尻」【なかごじり】

茎の最下端部。時代や流派によって形状が異なる。

■栗尻【くりじり】

栗の尻のような丸を持つ茎尻。ごく一般的な形状で古刀から新刀を通じて存在する。

■剣形【けんぎょう】

先端が尖り、左右対称の形状のもの。

■入山形【いりやまがた】

剣形と同じく尖った形状だが刃側が長く棟側が短くなっている。

■切・一文字【きり・いちもんじ】

横まっすぐに切りそろえたような形状。

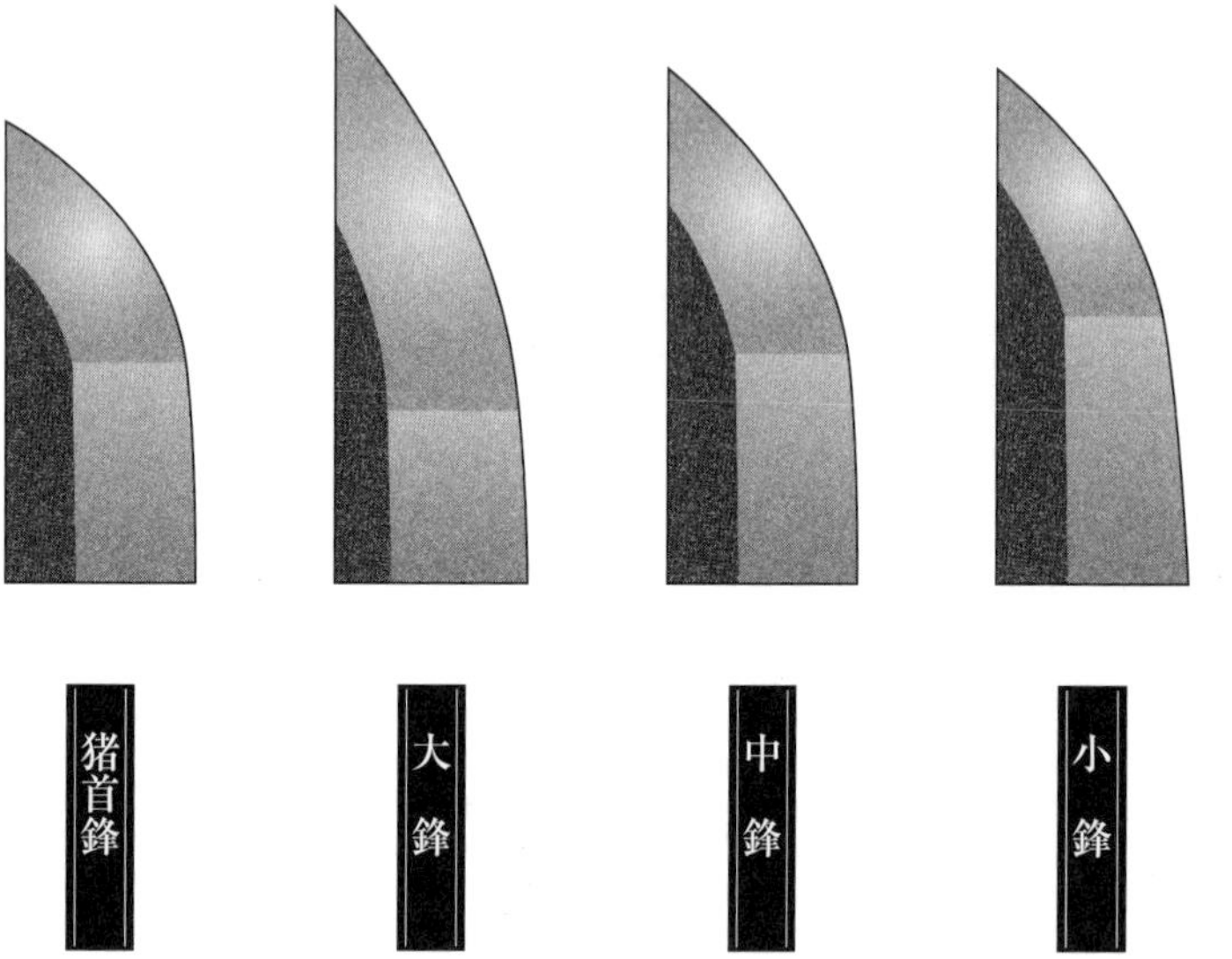

「鋒」【きっさき】

刀身の先端。横手筋よりも先の部分。

■小鋒【こぎっさき】

中鋒よりも短く小さいもの。

■中鋒【ちゅうきっさき】

通常よく見られる大きさの鋒。

■大鋒【おおきっさき】

中鋒を基準としてそれよりも長く大きいもの。

■猪首鋒【いくびきっさき】

身幅が広い刀の中で鋒が詰まっているもの。豪快な見た目で、実際にも堅物を斬るのに適している。

■魳鋒【かますきっさき】

ふくらが枯れて鋭くなっているもの。魚のカマスの頭の形からこう呼ばれる。

■ふくら

鋒から横手筋までの刃の曲線のこと。曲線が丸みを帯びていれば「ふくら付く」直線に近いと「ふくら枯れる」と呼ぶ。

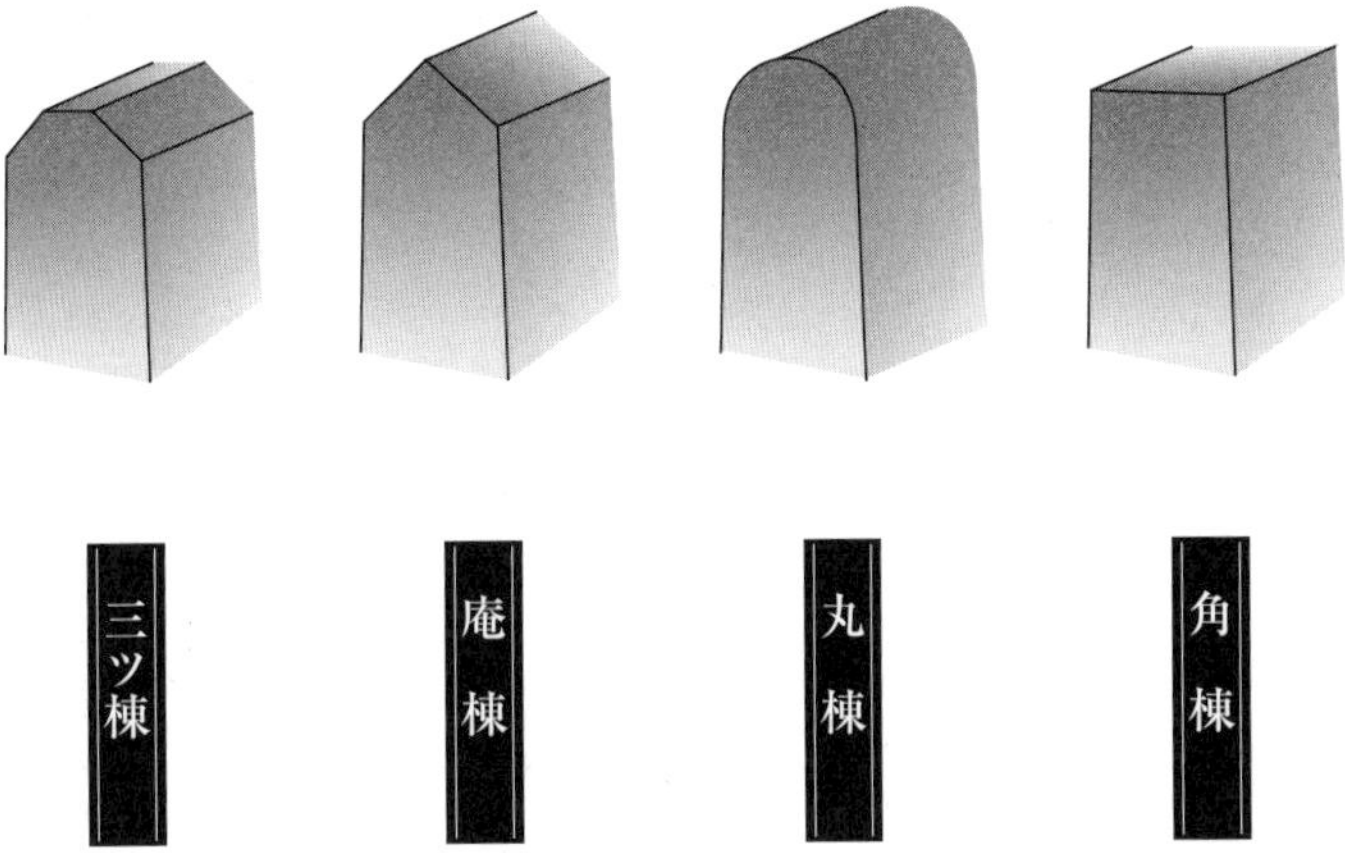

「棟」【むね】

峰とも呼ばれる。刀身の背にあたる部分。これも時代や刀工を知る手がかりとなる。

■角棟【かくむね】

平棟ともいう。棟先の筋がなく平らに仕立ててある。

■丸棟【まるむね】

丸く仕上げられた棟で、草の棟とも呼ばれる。特殊な形状で古い奥州物や九州物にみられる。

■庵棟【いおりむね】

先端がわずかに尖っている形状。行の棟ともいう。

■三ツ棟【みつむね】

角棟を面取りしたような形状。平安時代以降から庵棟とともに棟の形の主流である。真の棟ともいう。

■棟を卸す

鎬《しのぎ》筋部分を厚く、棟を薄くした刀剣断面の構造。前項の冠落造や鵜首造などがこれにあたる。棟を削ぐ、棟を落とすともいう。

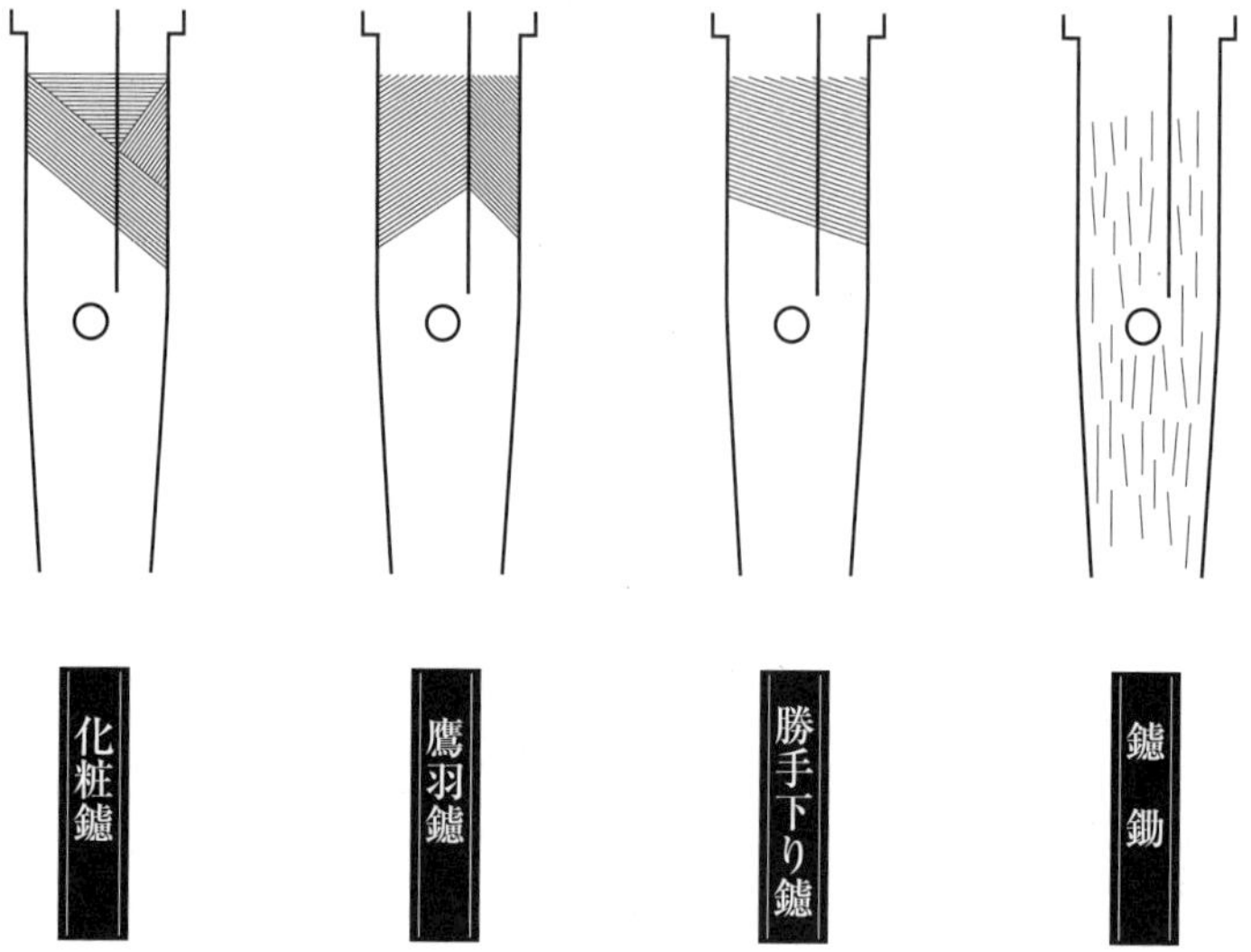

■刀剣の特徴と見所

「鑢目」【やすりめ】

茎には柄から抜けにくいように鑢がかけられている。時代が下るにつれて凝った鑢目が登場し、装飾性の高い化粧鑢などもある。

■鑢鋤【せんすき】

鑢という鉋で茎を整えたもの。上代の刀剣に多く見られる。また、縦に荒目の鑢をかけたものも鑢鋤と呼ぶことがある。

■勝手下がり鑢【かってさがりやすり】

鑢目が右下がりにかけられたもの。勝手とは右側のこと。この逆は「勝手上がり鑢」となる。

■鷹羽鑢【たかのはやすり】

鑢目が鷹の羽ににていることから。ソテツなどのシダ植物の葉に見立てて羊歯鑢ともいう。大和物や美濃物に多く見られる。

■化粧鑢【けしょうやすり】

茎をより美しく見せるため、装飾性を高めた鑢目のこと。江戸時代以降の刀に限られる。

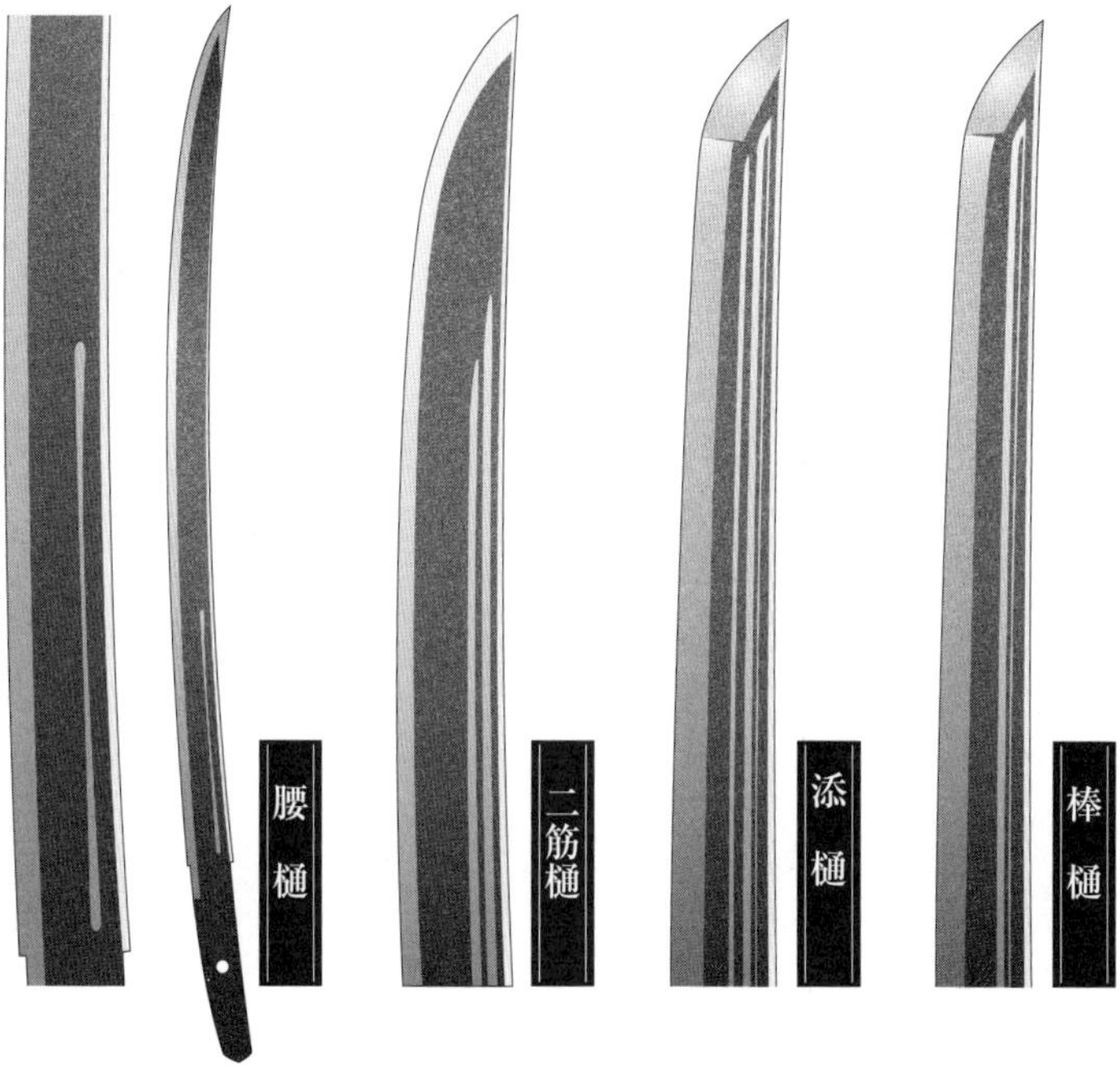

「樋」【ひ】

鎬地に彫られた溝のこと。刀身の重量軽減や強度を高める目的がある。溝があることによっては筋に加わる力が吸収される。

■棒樋【ぼうひ】

太い溝が一本だけ掘られているもの。同じ棒樋でも幅や堀の深さで様々な個性を出すことができる。

■添樋【そえび】

棒樋の横に細い溝を添えたもの。この溝は樋の機能を補うものではなく、彫刻としての意味合いが強い。

■連樋【つれび】

添樋の一種。棒樋に添った細い樋を棒樋の先端まで彫られたもの。棒樋の輪郭がはっきりとする。

■二筋樋【ふたすじひ】

細い樋を二本平行させて彫ったもの。片側は棒樋でもう片方のみ二筋樋という刀もある。

■腰樋【こしび】

刀身の中程だけに樋が彫られているもの。薙刀によく見られ、その場合は薙刀樋と言われる。

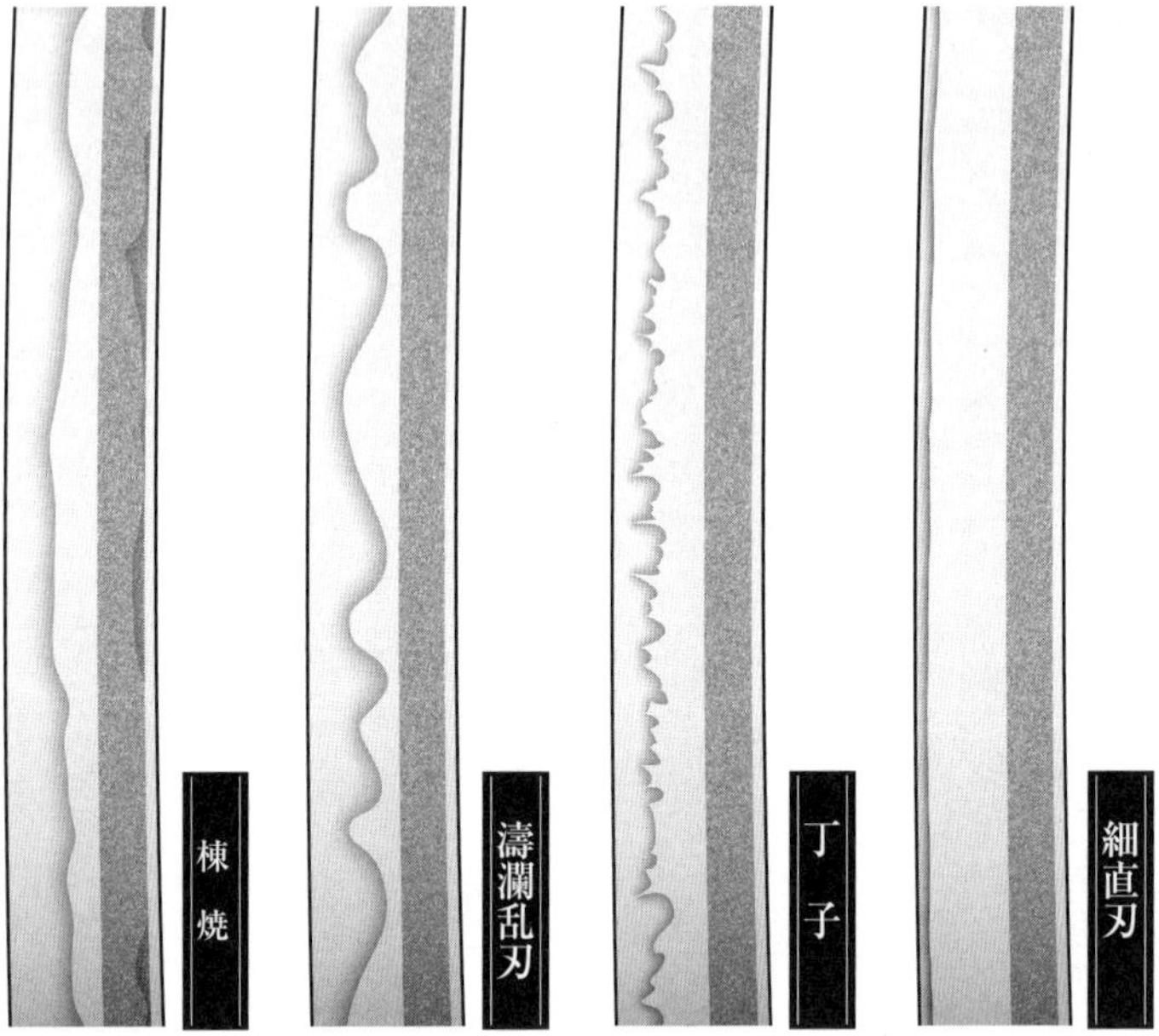

「刃文」【はもん】

焼刃の形状のこと。大別して直刃と乱刃に分かれる。時代や刀工の特徴を大きく反映しているため刀の最大の見所である。

■細直刃【ほそすぐは】

直線的な刃文で焼幅が狭いもの。さらに焼幅を狭くすると「糸直刃」と呼ぶ。

■乱刃【みだれば】

直線的な直刃に対して刃文が波立っているものの総称。曲線の間隔などにより丁子や互《ぐ》の目、湾たれ刃などがある。

■丁子【ちょうじ】

乱刃の一種。丁子の実を並べたような形状。「逆丁子」や「袋丁子」など様々なバリエーションがある。

■濤瀾乱刃【とうらんみだれば】

大きな波がぶつかり合い、波が崩れる様子を表したといわれる刃文。江戸時代中期の刀工津田助廣が考案した。

■棟焼【むねやき】

棟にも焼が施されているものをいう。相手の刀を棟で受けることを想定して棟の強度を増すためだといわれている。

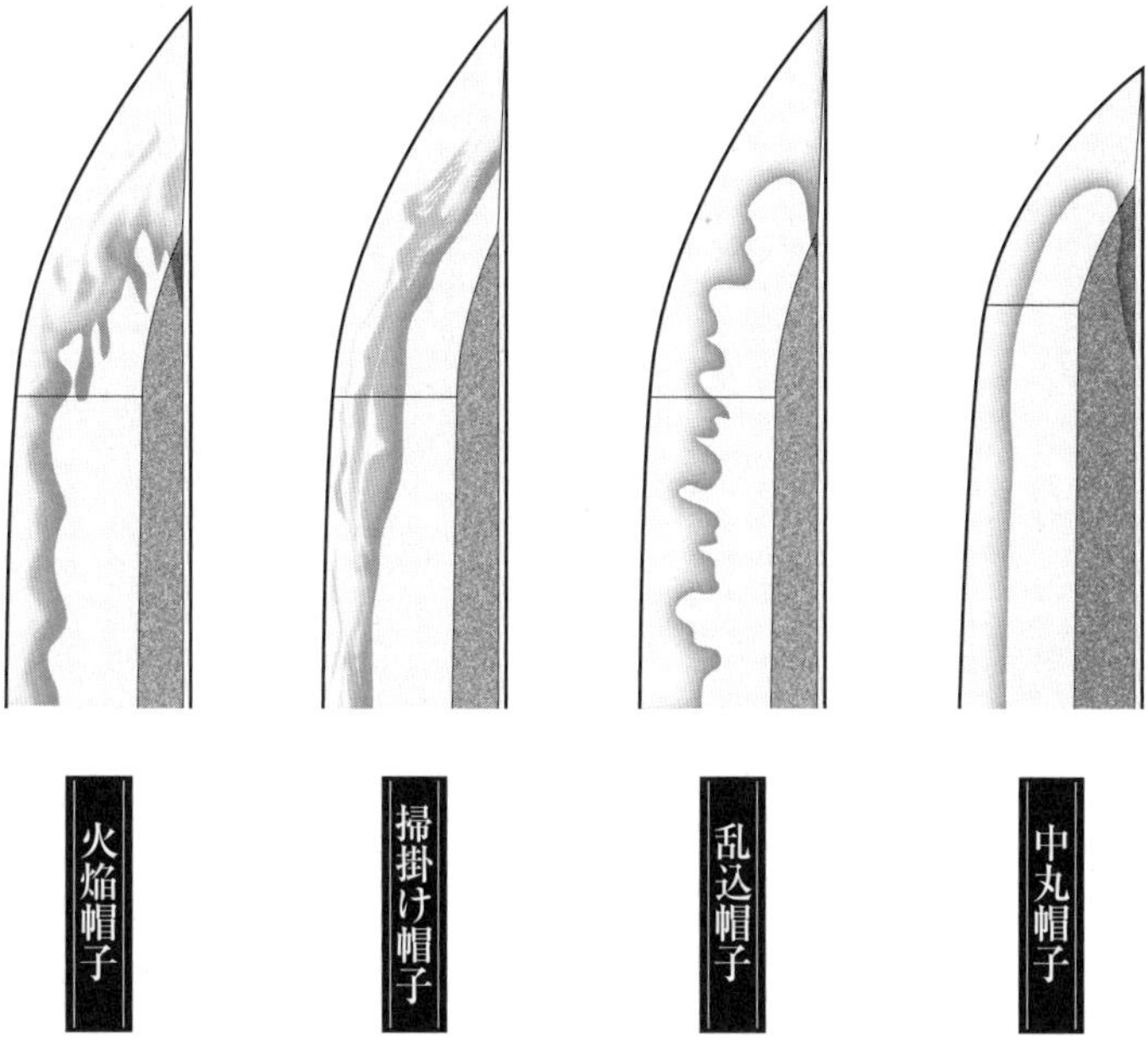

「帽子」【ぼうし】

鋒部分の刃文のこと。鋒は刀を操る上でも重要な部位であり、鍛造や研磨でも技術のいる重要な部位である。

■中丸帽子【ちゅうまるぼうし】

ふくら（先端から横手筋までの曲線）に添って円を描く刃文。円が大きければ大丸、小さければ小丸と呼ぶ。

■乱込帽子【みだれこみぼうし】

横手筋から上が乱れているもの。帽子の下が直刃か乱刃にかかわらず、鋒の状態で呼ぶ。

■掃掛け帽子【ほきかけぼうし】

焼き刃に添って箒で掃いたように筋が棟先に流れるもの。

■火焔帽子【かえんぼうし】

乱込みが激しく、先端の尖った焼刃が激しく燃える炎のようであるために呼ばれる。

■弛み帽子【たるみぼうし】

横手筋から先端に向かって中程が浅く弛んでいるもの。三作帽子、三品帽子と呼ばれる帽子も弛み帽子の一種である。

刀を彩る「拵」❶

刀装

持ち主を映す刀装

刀剣の外装を総称して拵《こしらえ》と言う。日本刀の美しさはその刀身だけではない。一振りの刀が生まれるときは刀匠の他にも鞘師や鐔師、柄巻師などの多くの職人たちが関わり、それぞれの分野で趣向や工夫を凝らしてきた。

武士や貴族の道具であり象徴でもある刀は、実用と装飾の両面で大きく発展してきた。拵は持ち主の個性を反映しやすい。元は実用のための意匠であったが、次第に腰に彩りを持たせるためのものへと変化していく。例えば鞘などは刀身を包んで保護することが目的だが、上代の刀ですら貴族はきらびやかな金銀の細工の鞘、武人は黒漆の物や皮を巻いた丈夫で実用本位な鞘であり、身分に適した装飾が施されている。

いつの時代も土地や流行にも大きく影響を受け、茶の湯の美意識を取り入れた「肥後拵」や、幕末に猛威を振るった薩摩示現流の剣術に適した特徴を持つ「薩摩拵」など、様々なバリエーションがある。

実用から装飾へ

前述した鞘、別項で取り上げる鐔や柄のほかにも、拵を構成する刀装具は非常に多い。例えば鞘につける下緒だ。組紐を使った下緒は紐の組み方を見ても多様な組み方があり、これを刀に結ぶときにもいくつものやりかたが存在する。

実用から装飾に、という意味で面白いのは「返角」と呼ばれる打刀の鞘につく部品がある。打刀は帯に挿しているだけなので抜けやすい。急に抜刀した場合に鞘ごと帯から抜けてしまうことがある。返角はこれを防ぐために鞘に突起を付け、帯の下部に引っ掛けるようにしたものだ。とっさの危機に対応するための仕組みだが、幕末期の薩摩拵などではわざわざ帯に引っかからないように小さく滑らかな物に変化している。

しかし、いくら腰に彩りを持たせるためでも装飾のための装飾というものが無いというのも興味深い事実である。使用感の向上という意味では先程の返角の変化も実用的といえる。

拵には実用性の中に個性や美意識を注ぎ込まれているのだ。

刀を彩る「拵」❷

鐔

芸術性の高い刀装具

鐔は刀のバランスをとり、戦いのときに手元を保護する役割がある。また、手が刃の方向へ滑らないようにしたり抜刀動作を滑らかにする（鯉口を切る）ためのものである。

鞘と並ぶ拵の見所の一つで、時代と程度に差はあれど、鐔専門の職人によって様々な意匠が施されている。限られた空間に数々の技術を注がれて芸術性が高められ、鐔を専門に蒐集する人も珍しくない。

鐔の作成は鐔師という専門の金工師が受け持つ。刀装具の金工師として最初に記録されているのは室町時代の後藤家が最初だと言われている。後藤家は室町以降、幕末まで刀装金工の宗家として活躍した。

鐔の形状や装飾には非常に多くの種類があるが、刀装には珍しく実用の意味合いが少ない。しかし、柳生連也斉が柳生新陰流の極意を鐔の意匠で表現した例もある。鐔は装飾性の高さゆえに、その刀の持主を雄弁に表現するのだ。

刀を彩る「拵」
Adornment of sword

鐔　様々な鐔の形

形状もデザインも多様な鐔。抽象化された梅の花や扇、中には茄子をあしらったものまである。鐔の中には七宝焼きで装飾したものもある。

刀を彩る「拵」③

小柄・笄

実用品？　装飾品？

小柄も笄も鞘口に設けられた櫃に収められる刀装具の一種である。時代劇などで小柄を手裏剣のように投げつける場面をみるが、あれはフィクションだけの話だ。小柄は細工用の小刀、もしくはペーパーナイフとして使用され、笄は髪を撫で付け身だしなみを整える道具である。また笄の柄のほうにある突起は「耳かき」である。

常に刀を持ち歩くのならば実用品も一緒に付けようとする発想は中々面白いといえるが、拵によっては小柄櫃や笄櫃のないものもある。実用度よりも装飾性を重視したためか、この小物たちが実はそれほど実用的でなかったためなのかはよくわからない。

この二つは同じ作者が同じ意匠で装飾することがほとんどで、その場合は両者をまとめて二所物、柄に付ける目貫を加えて三所物と呼ぶ。やはり時代が下がるごとに装飾性が高まり、材料や技術の発展もあり江戸期にもなると非常に高度で細やかな装飾が施されている。

刀を彩る「拵」
Adornment of sword

小柄・笄 意匠の妙

■梅竹図目貫

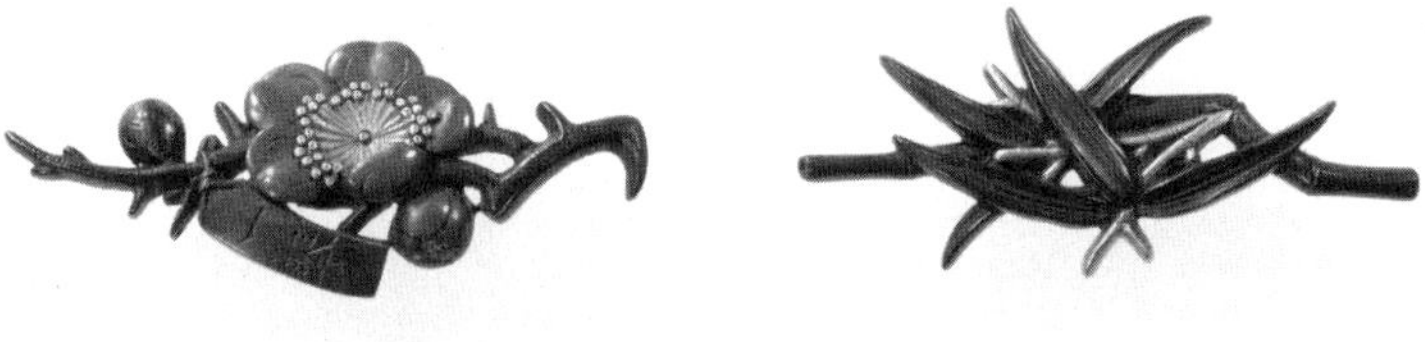

■国立博物館所蔵 Image:TNM Image Archives Source:http://TnmArchives.jp/

■雉桜図二所物

■国立博物館所蔵 Image:TNM Image Archives Source:http://TnmArchives.jp/

上図のように花鳥風月をあしらった物の他、金工たちは物語や生活の風景などから題をとり、無数の意匠が刀を飾った。

刀を彩る「拵」④

柄

柄の装飾①

柄は茎を包み、使用者と刀を繋ぐ重要な部分である。刀身の発展は切れ味と丈夫さが主眼であったのに対し、柄は刀の扱いやすさを向上させるための工夫がなされてきた。日本の刀が直刀から湾刀へ移行する時期には刀身に反りが生まれる前に柄が反った形の刀が登場している。

柄は手になじみ、そして滑りにくいことが重要である。すでに奈良時代の刀の柄には滑り止めとして柄に鮫皮が使用されていた。鮫皮のほかにも皮で包んだ後に漆を塗ったり糸や藤を巻くなど、様々な工夫がなされている。また、菱巻きといって柄に糸を菱形に組み合わせて巻く一般的な方式でも柄糸の重なる部分を摘んだり、捻って巻いたりして滑り止めの効果を高めているものがある。

形状も工夫がなされている。戦国時代の実用刀と言われる天正拵では立鼓《りゅうご》といって柄の中程をわずかに細くし、薩摩拵は柄を刀身と逆に反らせている。どちらも握りやすさを追求した結果である。

■滑り止め
柄に使われる「鮫皮」は実はエイの皮である。柄に糸や皮を巻くようになっても鮫皮が使用されたのは、糸や皮が滑らないので都合が良いからである。

柄の装飾②

実用性のみ重視されているかにみえる柄だが、装飾性も十分に高い。柄には目貫、頭、縁といった金具が付いている。金工師たちはこれに様々な趣向を凝らした。

目貫はもともと柄と茎を貫いて茎を固定する現在の目釘にあたる役割があったが、表と裏に一つずつ付ける形へと変化し装飾性が高められた。表側（装備したときに外側に向く面）は柄の中央から鐔寄りに、裏側には柄頭寄りに付くのが一般的だが、柳生拵では柄を握ったときに手になじむ様に逆に付けるものがある。目貫は通常では柄糸の下にあるが、出目貫といって糸の上に固定して目立ちやすくしているものもある。

頭は柄の先端、縁は柄の鐔側に付けられる金具で、もともとは柄の補強のための金具だが、これも装飾の対象となった。二つは意匠を統一されることが多く「縁頭」とまとめて呼ぶこともある。

柄に限らず、刀を彩る数々の要素の根底には機能性がある。これは刀が実用性と象徴性の二つの面を持っていることの証ではないだろうか。

土壇ってなに？

「ドタンバ」や「ドタキャン（ドタンバでキャンセル）」などという言葉を耳にする。これは刑場で首を斬る場所の名前である「土壇《どたん》」、「土《ど》壇場《たんば》」に由来する。ここに連れてこられたらもう後がない状況である。罪人としては、ドタキャンできるなら是非したいところだろう。

斬首刑は刀の切れ味を確かめる場でもあり、江戸時代の将軍家に仕えた山田浅右衛門は処刑人であると同時に刀の切れ味を鑑定する権威だった。切れ味鋭い刀はうなじから頸椎を切断し、土壇まで斬り込んだという。

ちなみに武士は切腹の際に、介錯といって苦しみを早く終わらせるために首を切り落とすが、あくまで切腹であって斬首ではないので、皮一枚残して本人の膝元に落ちる「抱き首」にするのが定法だった。どちらも高い技量が必要な技である。

こうした首斬りの技は、ギロチンのように垂直に刃を落とし、対象に均等な圧をかけて切断することが望まれる。昭和に入って三島由紀夫が自決した際、仲間の一人が介錯しようとしたが、振りかぶって弧を描いて切ろうとしたため失敗し、何度もやりなおすことになった。こうなってしまうと出血でますます刃がすべり、刃筋が狂ってしまう。出来ればこういうことは慣れた人に頼みたいものだ。

第三章 武将・剣豪たちと名刀

第二章

［武将・剣豪たちと名刀］

この章では、歴史に名を残す名刀の数々と、その持ち主にまつわる逸話を紹介する。

「刀と人間」という視点から見た時、私たちは有名な人物の意外な一面を知ることができる。そしてそのドラマを通じて、刀はいにしえの武将や剣豪たちが生きた時代を身近に感じさせてくれるだろう。日本刀を愛好する醍醐味は、こういった歴史的ロマンにもあるのではないだろうか。

本書では、そうした歴史的価値のある刀の中で、できるだけ現存して写真の残っているものを中心に紹介する。もし、実際にこれらを目の当たりに見る機会があれば、本書で紹介した逸話の数々を思い出してほしい。刀はきっと違った顔をあなたに見せてくれるだろう。

平家の刀と小烏丸《こがらすまる》

失われたと思われていた神鳥の剣

小烏丸は平家の家宝として伝わった刀である。刀工の祖とも呼ばれた天国作とも伝えられている。先端から刀身半ばが両刃という造りであり、同様の短刀などを「小烏造」と呼ぶのはこれに由来する。

小烏丸という名前の由来については諸説あるが、もっとも有名なのは、桓武天皇が平安京の南殿に昇った際に空から三本足の巨大なカラス、八《や》咫烏《たがらす》が刀を運んできたことから名づけたという説である。八咫烏は天照大神の使いとされる神鳥である。

後に、承平・天慶の乱が起こり、朱雀天皇は指揮官の平貞盛に小烏丸を下賜した。以来小烏丸は平家に相伝されたが壇ノ浦の戦いで平知盛と共に水に沈んだと思われた。

しかし江戸時代になってから、小烏丸は有職故実を司る伊勢家にあることが判明した。そして明治維新後、旧対馬藩主の宗《そう》家がこれを買い取り修繕し、明治天皇に献上した。

名刀ギャラリー
Meitou-Gallery
1

小烏丸

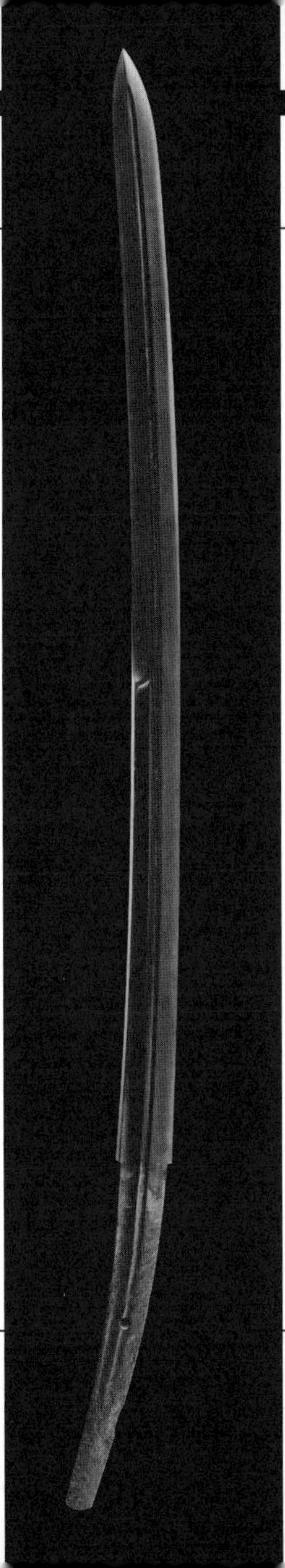

無銘であるが大和の刀工、天国の作と伝わる。刀身の先端から半分ほどが両刃の「鋒両刃造」と呼ばれている。現存する数振りの鋒両刃造の中でも、小烏丸だけは刀身に反りを持っているため、歴史的にも貴重な一振りである。

■宮内庁所蔵

坂上田村麻呂と黒漆大刀《くろうるしのたち》

将軍から皇室に伝わった刀

■坂上田村麻呂（さかのうえのたむらまろ）平安時代の武官。中央で近衛府の武官として立ち、陸奥国の蝦夷に対する戦争で大伴弟麻呂を補佐する副将軍の一人として功績を上げた。弟麻呂の後任として征夷大将軍になって総指揮をとり敵対する蝦夷を討って降した。

黒漆大刀は重要文化財として鞍馬寺に所蔵されている刀である。

平安時代初頭、東北の豪族たちと激しい戦いを繰り広げていた朝廷は、武人の一族として名高い坂上氏から坂上田村麻呂を副使として登用した。このとき田村麻呂の佩刀だったのが黒漆大刀である。これは堅牢なもので実戦重視の武人らしい刀だった。標剣（しるしのつるぎ、または、そはやのつるぎ）ともいう。

田村麻呂はやがて功績を認められて征夷大将軍に任命され、東北最大の実力者である阿弖流為《アテルイ》と磐具公母礼《ばんぐのきみもれ》を降伏せしめた。その後も出世を重ね、二度の征夷大将軍を務めた後に従二位大納言にまで登りつめ、五十四年の生涯を終えた。

田村麻呂の死後、黒漆大刀は天皇家に所蔵され歴代皇族の傍に置かれたが、雷が鳴るとひとりでに鞘走るという不思議を見せたという。そうした霊験もあってか、後にこの剣は坂上宝剣とも呼ばれた。

■阿弖流為（？～789）

蝦夷の指導者であり、少数の精鋭と地の利を生かし、数で上回る朝廷の軍に対抗した人物。『続日本紀』『日本紀略』などにその名が見られる。現在は、岩手で慰霊祭が行われる、歌舞伎の演目になるなど、悲劇の英雄としての評価がされている。

名刀ギャラリー
Meitou-Gallery
2

黒漆大刀

柄には麻布を張って黒漆を塗り、鞘にも薄い革で包んだ上から黒漆を施している。鞘尻は石突を重ねて堅固な作りになっている。当時の貴族たちの佩刀がきらびやかな拵えであるのに対し、いかにも武人の刀といった感じの質実剛健な拵である。

■鞍馬寺所蔵

藤原秀郷と毛抜太刀

優美な外見と実戦性を備えた刀

■藤原秀郷（ふじわらのひでさと）平安時代中期の武将。室町時代に「俵藤太絵巻」が完成し、近江三上山の百足（むかで）退治の伝説で有名。平将門追討の功により、従四位下に昇り下野・武蔵二ヶ国の国司と鎮守府将軍に叙せられ、勢力を拡大した。

毛抜太刀という奇妙な名前は、柄に施された意匠に由来する。この剣は茎がそのまま柄となっており（共作り）、貴人の使う毛抜きに似た透かし彫りが施されているものである。また、その周りの部分にも美しい植物の彫刻が施されており、美術品として高い価値を持っている。しかし、この透かし彫りも重量のバランスや耐衝撃性を考慮した実用の為の工夫でもあるという。当時先鋭的だった反りを持たせた刀身と、鞘を除くすべてが金属製という大胆な拵が特徴的である。

この刀の持ち主は平安時代の豪族、藤原秀郷だったと伝えられている。平将門を討伐して乱を平定した人物である。

秀郷は豪胆な武人として知られ、山を七巻きもするという近江の大ムカデを退治したという伝説がある。残念ながら退治に使われたのは弓でこの刀ではない。だがこの刀の柄には矢傷があるため、いずれかの戦場で実際に使われていたのは確かなようだ。

名刀ギャラリー
Meitou-Gallery
3

毛抜形太刀

斬撃の衝撃を吸収するともいわれている特徴的な構造の柄。

柄が刀身と一体の構造で刀身は鐔元のみが湾曲し、樋が存在しない。この刀には鎬があるが、他の毛抜形太刀には鎬も樋も存在しない平造のものもある。特徴のある柄には斬撃時に使用者の負担を和らげる働きがある。鐔は鋒から通して鋲で柄に止められている。

■神宮徴古館所蔵

源頼光と童《どう》子《じ》切《きり》安《やす》綱《つな》

童子切安綱は足利家の重宝であり、源頼光の佩刀であったとも伝えられている。天下五剣に数えられる名刀である。

天下五剣の筆頭

天下五剣とは、刀剣鑑賞の基礎が固まった室町時代に定められた五振りの名刀を指す。童子切安綱のほか、鬼丸国綱、大典太光世、三日月宗近、数珠丸恒次が名を連ねている。五振りの全てが平安初期から鎌倉時代にかけて作られており、いずれも由緒正しい宝刀である。なかでも童子切安綱は最も古い時期に作刀されていることから、しばしば筆頭として取り上げられている。

最古の刀工の最高傑作

平安時代は現在の日本刀の原型が作られ始めた草創期である。童子切安綱を作刀した大原安綱は、伯耆国の名工であり、個人名が確認されている中では日本最古の刀工のひとりとされている。

■源頼光（みなもとのよりみつ）平安時代中期の武将。「らいこう」とも呼ばれる。鎮守府将軍、源満仲の長子で清和源氏の三代目。満仲が初めて武士団を形成した摂津国多田の地を相続し、その子孫は摂津源氏と呼ばれる。

名刀ギャラリー
Meitou-Gallery
4

童子切安綱

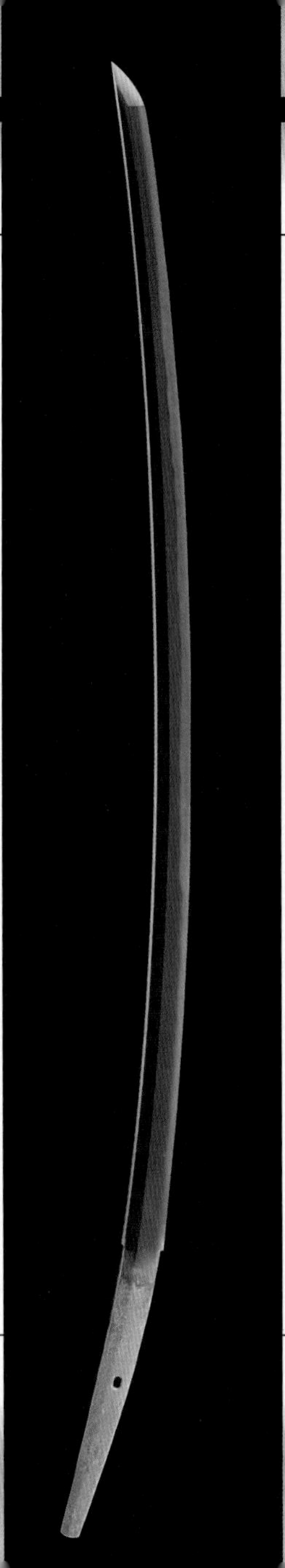

安綱は平安時代末期の伯耆の国の名工。鎬造で腰反りが高く、踏張りのある小鋒のこの刀は三条宗近や古備前友成とともに在銘の刀としては最も古いといわれている。童子切の名は源頼光がこの刀で酒呑童子の首をはねたという逸話からきている。

■東京国立博物館所蔵
Image:TNM Image Archives
Source:http://TnmArchives.jp/

その安綱の作刀の中でも童子切安綱は出色の出来であったらしく、後に本阿弥家が記した『享保名物牒』にも「極々上の出来、常の安綱に似たる物にあらず」とある。現代では、国宝の大包平と並んで日本刀の最高傑作と賞されている。

安綱を始祖とする大原一門は息子の真守以降も受け継がれていった。一門の拠点となった伯耆国は、中国山地から豊富な砂鉄が採れたこともあり、以後刀剣の名産地として広く知られるようになった。

頼光の酒呑童子退治

童子切の異名は、酒呑童子の首を斬ったという伝説から生まれた。

平安中期、都で美しい娘を狙った人さらいが多発していた。陰陽師の安倍晴明が判じたところ、犯人は大江山の悪鬼、酒呑童子であった。これを重く見た一条天皇は、武士団の長である源頼光に討伐を命じる。

頼光は、渡辺綱、坂田金時らの四天王を引き連れ大江山へ向かった。変装して酒呑童子の館へ潜入した頼光は、鬼には猛毒の酒「神便鬼毒《じんべんきどく》酒《しゅ》」で童子を酩酊させることに成功する。頼光は安綱作の太刀を掲げると、酒呑童子の首を一刀両断に切り落としたのである。これが「御伽草子」や能の「大江山」などで広く語られる、酒呑童子退治の顛末である。
一説では、源頼光が退治したのは鬼ではなく山賊だったともいう。

六つ胴を断ち切った切れ味

十三代将軍足利義輝が内乱で命を落とし、童子切安綱は織田信長の手にわたった。その後、のちに秀吉、家康と天下人の間を転々とするが、家康の死後は二代秀忠によって越前の松平忠直の手に渡った。没落の危機にも瀕した越前松平家だが、子の光長の代に実子を廃嫡して養子を取ってからは、津山藩十万石を拝領している。

秘蔵されてきた童子切安綱だが、十七世紀終わりの元禄年間に表舞台に登場する。津山藩の江戸屋敷で行われた、試し斬りの場である。当時の試し斬りには、処刑された罪人の死体が用いられることがあった。家臣で試し斬りの達人であった町田長太夫が斬り手を努めたところ、童子切安綱は重ねた死体六体を一刀両断にし、さらには下の土壇にすら斬りこんだという。

■六つ胴
死体を重ねての試し切りで、五つ、六つといったものになると、相当な高さになってくる。こうした場合、試し手は台の上から飛び降りながら斬ることもあったという。

源氏重代の剣と膝丸

妖怪退治と名前の変遷

源氏には伝家の宝刀と言える二振りの兄弟刀があった。片方は罪人の首を切り落とした際に髭まで斬ったことから「髭切」と呼ばれ、もう片方は膝まで斬ったことから「膝丸」と呼ばれていた。

髭切はやがて源頼光の配下四天王の一人、渡辺綱の手に渡った。そして美女に化けた鬼、茨木童子の腕を切り落としたことで「鬼切」と呼ばれるようになったという。

一方、膝丸は頼光が所持していたが、頼光も巨大な蜘蛛の妖怪を退治したという。これによって膝切も「蜘蛛切」と呼ばれるようになった。

その後、膝切改め蜘蛛切は、夜になると鳴き声をたてるというので「吼丸」と名を変え、さらには源義経の手に渡って「薄緑」と名を変えた。出世魚のような目まぐるしい名前の変化だが、髭切の方もその後「獅子の子」「友切」など、改名を重ねている。残念ながら膝丸は消失してしまったが、髭切は今も重要文化財として保存されている。

名刀ギャラリー ⑤
Meitou-Gallery

膝丸

図は歌川国芳が描いた源頼光と土蜘蛛との戦い。元は古墳時代に大和朝廷に従わない者たちを土蜘蛛と呼んだ。その名前は時代を経て鬼や天狗と並ぶ有名な妖怪として定着した。源頼光の逸話に登場する土蜘蛛も一種の暗喩であったという説もある。

北条時政と鬼丸国綱《おにまるくにつな》

北条氏に伝わった天下五剣の一振り

鬼丸国綱は天下五剣にも数えられる皇室御物の日本刀である。特徴的な皮包太刀様式の拵が付属しており「鬼丸拵」と呼ばれ、同様な造りの拵の名ともなっている。

国綱の持ち主の北条時政は、枕元に夜な夜な小鬼が現れて眠りを妨げるという悪夢に悩まされていた。呼び寄せてみた加持や祈祷の効き目も無く、ついに心労で倒れた時政の夢枕に、粟田口国綱の太刀の化身を名乗る老人が現れる。老人は「小鬼を退治してやりたいが、錆で汚れており鞘から抜け出せないのだ」と時政に語った。

翌朝、時政は国綱を清めさせ、抜き身のままに自身の寝室に立てかけておいた。火鉢で暖をとりながら夜を待っていると、突然太刀が倒れ、火鉢の台座に象られた小鬼の像を見事に斬り裂いた。それ以後悪夢に悩まされることが無くなった時政は、この太刀を「鬼丸」と名づけた。以来、鬼丸は邪悪を退ける宝刀として北条家に代々伝えられたという。

■北条時政（ほうじょうときまさ）平安時代末期、鎌倉時代初期の武将。伊豆国の在地豪族の北条時方、もしくは北条時家の子。源頼朝の妻の北条政子の父。鎌倉幕府の初代執権。

名刀ギャラリー
Meitou-Gallery
6

鬼丸国綱

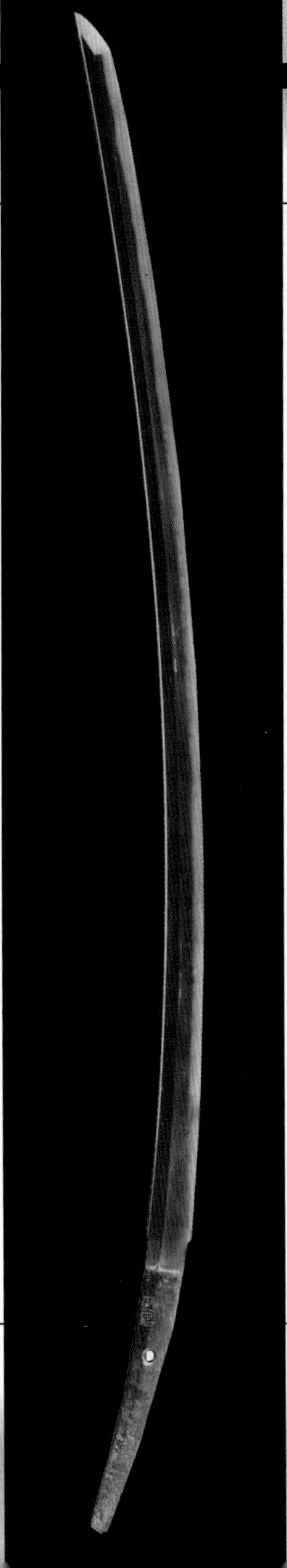

反りが高く腰から先幅にかけて徐々に狭くなる姿は太刀の理想像とも称される。作刀した粟田口国綱は山城国粟田口の刀工で後鳥羽天皇の御番鍛冶を務めた。後に鎌倉に移り、鬼丸を作刀したという。現在は皇室御物として宮内庁の所蔵となっている。

■宮内庁所蔵

楠木正成と小龍景光《こりゅうかげみつ》

のぞき龍景光

■楠木正成（くすのきまさしげ）鎌倉時代末期から南北朝時代の武将。建武の新政の立役者として足利尊氏と共に活躍する。尊氏の反抗後は新政側の軍の一翼を担い、湊川の戦いで足利尊氏の軍に敗れて自害した。

楠木正成は「悪党」と呼ばれた豪族集団を率いた武将で、南北朝が分かれ戦い続けた時代、後醍醐天皇に仕えた人物である。

局地的なゲリラ戦の指揮に天才的な才能を持っており、数ではるかに上回る鎌倉幕府を相手にしぶとく戦い続け、ついには打倒し、後醍醐天皇の建武の新政を補佐した。

『太平記』によれば正成は、結城親光、名和長年、千種忠顕と共に「三木一草《さんぼくいっそう》」と称され、報恩の士の代表格とされている。当時ほとんどの武士団が後醍醐天皇の呼び掛けには応えず、畿内で立ち上がったのは正成だけだったのである。

その正成が佩用していたという太刀が小龍景光である。備前の名工長船景光が作刀したと伝えられている。龍の彫り物が刀身に飾られていたのだが、茎の部分を短く磨り上げたために龍の部分が柄の中にほぼ隠れてしまい、龍の首の部分のみが覗いている。このため「のぞき龍景光」

名刀ギャラリー
Meitou-Gallery
7

小龍景光

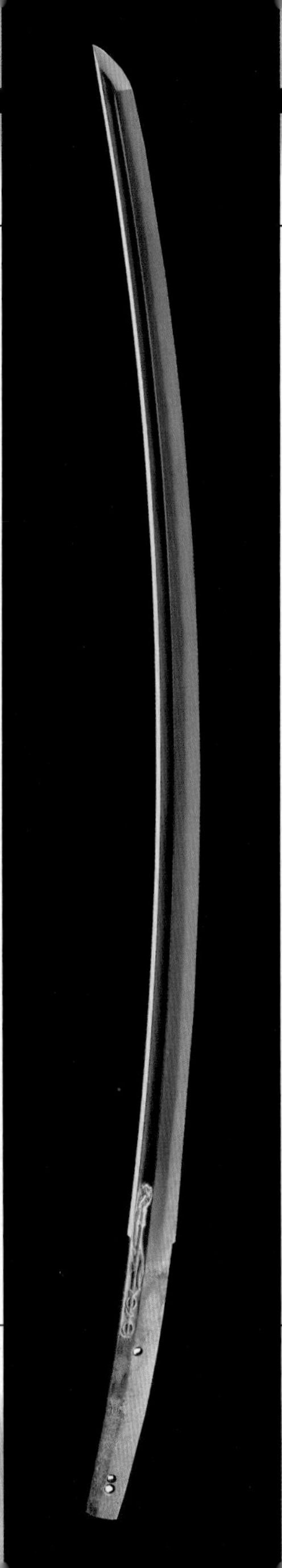

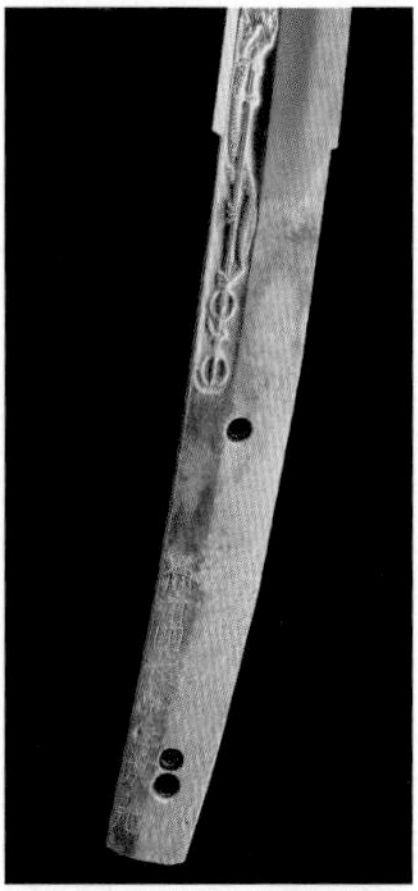

樋の中に掘り込まれた倶利迦羅。裏には梵字が小さく彫られている。柄に収めると半分は隠れてしまう。

銘には表に「備前国長船住景光」裏に「元亨二年五月日」とある。磨上げてもなお腰反りの高く、小板目肌と呼ばれる細かく目の詰んだ地鉄で父の長光の作刀に劣らない出来とされる。刀剣好きの明治天皇は広島大本営でも景光を携えていたという。

■東京国立博物館所蔵
Image:TNM Image Archives
Source:http://TnmArchives.jp/

の異名も持つ。

小龍景光の銘には、元亨二年（一三二二年）五月作とあるが、当時の正成は河内国に居を構えており、そこからどのようにして備前国の太刀を手に入れたのかという点に関しては確実な説は定まっていない。一説には、正成と親交があった中納言万里小路《までのこうじ》藤房《ふじふさ》から贈られたという。

悲劇的な死

一度は幕府を倒し後醍醐政権が樹立したものの、足利尊氏の離反によりふたたび時代は戦乱を迎えていた。

北朝を擁する足利軍は勢力を増し、すでに時代の趨勢は決していた。正成は後醍醐天皇に和睦を進言するなど現実的な融和策を図ったが、それは聞き入れられなかった。やむをえず正成は新田義貞と共に足利直義（尊氏の弟）との戦に出向く。

この「湊川の戦い」で正成は善戦したものの兵力差は如何ともしがたく、追いつめられた正成は弟と刺し違えて自害したという。正成は最期まで小龍景光を手放さなかったという。

その後、正成の大楠公に対し小楠公と称される息子の楠木正行も父に劣らぬ忠義心でよく戦い抜くが、ほどなくしてこれも命を落とした。

やがて小龍景光は豊臣秀吉の手に渡り、さらに家康に贈られたというが、ここで一旦、歴史から姿を消す。

真物か、贋物か

長らく行方がわからなかった小龍景光だが、幕末期に再びそれらしき刀が忽然と現れる。

それは正成ゆかりの土地、河内国の農家から発見されたという。小龍景光らしきこの刀は刀剣鑑定の第一人者本阿弥家によって偽物とみなされた。しかしこの刀は、御様御用の山田浅右衛門の手に渡り、その噂を聞きつけた大老の井伊直弼もこれを欲しがったという。

この刀がはたして正成のものだったかは分からないが、純粋に刀剣としての出来栄えは高く、明治維新後に宮内庁へと献上された。愛刀家の明治天皇は景光を特に気に入り、常にお手元で鑑賞したと伝えられる。現在では国宝に指定されている。

■源頼政（みなもとのよりまさ）
平安時代末期の武将。平氏政権下で源氏の長老として中央政界に留まった。平清盛から信頼され、武士としては破格の従三位に昇る。平氏の専横に不満が高まる中で、以仁王と結んで平氏打倒の挙兵を企てるが計画が露見して平氏の追討を受けて宇治平等院の戦いで敗れ自害した。

源頼政と獅子王

硬骨の老将が伝えた剣

近衛天皇の代、御所に夜な夜な鵺《ぬえ》が現れた。

その鳴き声に体調を崩した天皇は、妖怪退治では多くの実績を残している源頼光の子孫、源頼政にこれを退治させた。その褒美として賜ったのが名刀獅子王である。

獅子王は柄に近い部分は極端な反りを持っているが、刀身は直刀に近い形状をしている。一見使い難そうな印象だが、これは馬上からの斬りおろしを念頭に入れた造りなのではないかと言われている。

武勇に優れ名門の血をひいていた頼政だったが、当時朝廷の重要な役職、官位は平氏の一族に占められており、源氏の一族は冷遇されていた。頼政がようやく昇殿を許されたのは六三歳になってからのことだった。頼政はこの状況を覆すため、七六歳で挙兵し、平氏に戦いを挑んだ。しかし逆に先制攻撃を受けて敗退する。頼政は自刃し、獅子王は同族の土岐氏に渡った。その後獅子王は皇室に献上された。

■鵺

鵺は、猿の頭、虎の手足、狸の体、蛇の尾を持つという妖怪。その声はトラツグミに似て、不吉をもたらすと言われた。打ち取られた鵺は祟りを恐れられ、丁重に葬られたといい、京阪地方にはいくつかの鵺塚が建てられた。

名刀ギャラリー
Meitou-Gallery

8

獅子王

「黒漆塗糸巻太刀拵」と総称される平安時代末期に武家が好んで使用した実戦用の堅牢な拵。柄も鞘も金具を含めて黒漆で塗り固め、それを糸で巻き締めてある。獅子王の拵は柄糸こそ失われているものの、当時の姿をそのまま残す貴重なものとなっている。

■東京国立博物館所蔵
Image:TNM Image Archives
Source:http://TnmArchives.jp/

渡辺綱・新田義貞と鬼切国綱《おにきりくにつな》

■渡辺綱（わたなべのつな）平安時代中期の武将。嵯峨源氏の源融の子孫で、通称は渡辺源次。正式な名のりは源綱（みなもとのつな）。頼光四天王の筆頭。

鬼の腕を落とした剣

鬼切国綱は元々「髭切」と呼ばれ、「膝丸」と対になる兄弟刀として源氏に代々伝えられてきた。この二振りは平安中期に源満仲が作らせ、のちに頼光の四天王、渡辺綱の佩刀となった。

ある夜、渡辺綱は一条戻橋にてうら寂しい美女と出会う。だが女の正体は妖鬼、茨木童子だった。美女から醜悪な魔物に変化した茨木童子は綱を掴んで空を飛び、愛宕山にさらおうとした。だが綱は童子の腕を斬り落とし、事なきを得たという。以降、髭切は鬼切の名で呼ばれた。

その後、鬼切は源氏の血をひく新田氏の新田義貞の手にわたった。新田氏は義貞の代には零落していたが、圧政に耐えかねて鎌倉幕府に蜂起した。当初百数十人だった兵は数万に膨れ、ついには幕府を倒すに至った。鬼切はこのときに手に入れたという。

義貞はこの鬼切国綱と北条氏の宝刀である鬼丸国綱の二刀を佩用して合戦に赴いたと太平記は伝えている。

■新田義貞

新田義貞のつかんだ栄華は短く、三十八歳でその戦乱の生涯を終えた。しかし、群馬県民ならだれもが諳んじているという「上毛かるた」では「歴史に名高い新田義貞」として、今日でも親しまれている。

名刀奇譚伝
Meitou-Anecdote

茨木童子

図は月岡芳年の『新形三十六怪撰』より「老婆鬼腕を持去る図」。渡辺綱は腕を奪われぬように七日間物忌みをして家に閉じこもったが、七日目の夜に伯母に化けた茨木童子を屋敷に入れてしまい、奪い返されてしまう。

梶原景時と狐ヶ崎為次《きつねがさきためつぐ》

権力闘争の末に

■梶原景時（かじわらかげとき）平安時代末期から鎌倉時代初期の武将。鎌倉幕府の御家人。源義経と対立し、頼朝に讒言して死に追いやった「大悪人」と古くから評せられている。鎌倉幕府では権勢を振るったが頼朝の死後に追放され、一族とともに滅ぼされた。

狐ヶ崎為次は古青江派の刀匠、為次の作刀である。柄、鞘などの拵が黒一色で統一された渋い拵えで実用を重視した頑丈な作りをしている。この刀は吉川（吉香、吉河ともいう）小次郎友兼の佩刀である。友兼は「梶原景時の変」において景時の三男をこの刀で討ち取った。

梶原景時はもともと平氏側の人間であった。しかし源氏の棟梁の頼朝が窮地に陥った時かくまって助けたことで、後に頼朝が将軍となった際に高い地位で取り立てられた。景時は優秀な武人であると同時に教養に優れ官僚としても有能だったので、頼朝や次代の頼家に重用されたが、他の御家人からはそれが良く思われなかった。

景時は排斥運動の連判状を突き付けられ、一族郎党を連れて鎌倉を去った。その後、駿河の国の狐ヶ崎で吉川氏をはじめとする在野の武士団と戦闘になり、景時とその一族は滅んだ。狐ヶ崎為次という刀の名前はこの景時最期の地の名を取ったものである。

■吉川氏

吉川氏は毛利元就と姻戚関係にある名門で、岩国領（現在の山口県岩国）を治め、参勤交代なども行っていた。慶応四年には正式に藩として認められている。歌手の吉川晃司は、この吉川氏の血を引いていると語っている。

名刀ギャラリー
Meitou-Gallery
9

狐ヶ崎為次

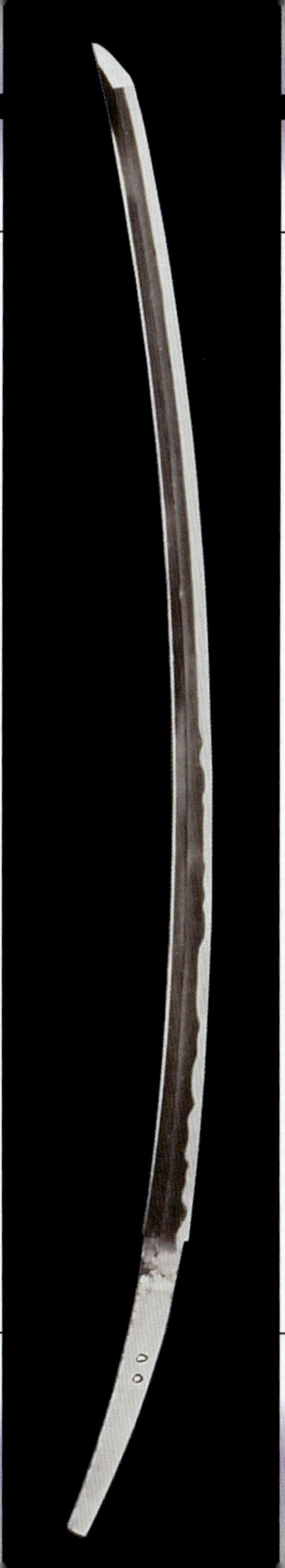

柄・鞘ともに派手な装飾はなく黒革で巻かれ黒漆が塗られたのみ。実用性第一主義の頑丈な拵

茎にも深い曲線を持つほど反りの強い刀身は、刀身中程と茎の直前の二ヶ所に反りの中心を持っている。小丁子の入った小乱れの刃文をもち、古刀期に作刀されて当時の姿を保っている数少ない刀剣である。拵も同様に作刀された時代のものである。

■吉川史料館所蔵

佐々木道誉と一文字

政変の嵐を乗り切った大名の刀

■佐々木道誉（ささきどうよ）
鎌倉時代末期から南北朝時代の武将。執権北条高時に御相供衆として仕える。足利尊氏の開いた室町幕府において政所執事や六ヶ国の守護を兼ねた。

反権威的で華美な振舞を美学とした「ばさら大名」で、奇人として知られる佐々木道誉の佩刀が「道誉一文字」である。

一文字派は備前の国で活躍した刀匠の一派で、茎に刻まれた「一」の文字がその特徴となっている。後鳥羽上皇の御番鍛冶を務めた名匠の一門である。このことから後に皇室の象徴である菊紋を彫り込んだ「菊一文字」の存在が語られるようになったが、実際に菊を彫り込んだ一文字が存在したという記録はなく後世の創作のようだ。

佐々木道誉は北条家の家臣だったが、後醍醐天皇が倒幕運動をした際に加担し、足利氏について北条氏を裏切った。その後も時勢を見通す目と政治的手腕で権力を伸ばし続け、ついには六ヶ国の守護を兼任するに至った。したたかに権力闘争を生き抜いた道誉は享年七十八歳という大往生を遂げている。一文字の刀はその後、尾張徳川家に伝わり、さらに備前池田家、森岡南部家を経て明治天皇に献上された。

■ばさら
ばさらは「婆娑羅」などとも書く。小説、漫画、大河ドラマなどで認知を得た前田慶次の「かぶく、傾奇者」の精神にも通じる風潮である。近年では、ゲーム『戦国BASARA』が人気を呼び、宮城県は主人公、伊達政宗ゆかりの地としてキャラクター関連商品を通して町興しや、若者への投票呼び掛けを行っている。

名刀ギャラリー
Meitou-Gallery
10

道誉一文字

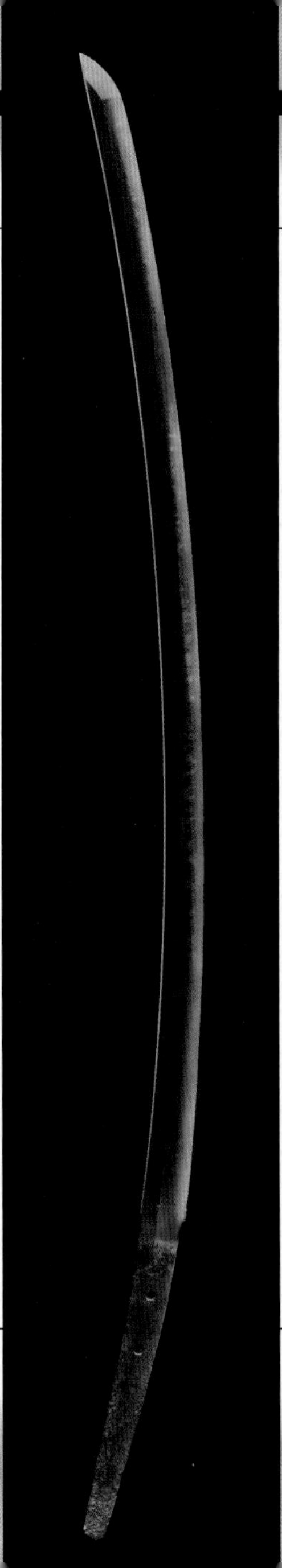

銘に「一」の文字を刻む「一文字」の流派はいくつかあるが、単に一文字と呼ぶ場合は福岡一文字派か吉岡一文字を指す。道誉一文字は後鳥羽院の御番鍛治を務めた則宗を祖とする福岡一文字派の作。丁子乱れの華やかな刃文を特徴として古来より珍重された。

■宮内庁所蔵

足利義輝と大般若長光《だいはんにゃながみつ》

将軍自らが実際に使った刀

■足利義輝（あしかがよしてる）
戦国時代の室町幕府第一三代征夷大将軍。織田信長ら諸大名の力を利用して将軍の権威回復につとめたが、松永久秀（ひさひで）らに攻められ自害した。

大般若長光は名匠備前長船長光の作である。六〇〇巻におよぶ経典大般若経にあやかった名で、六〇〇貫（現代の三〇〇〇万円以上に相当）の価値があると言われた高価な刀である。現在では国宝に指定されている。もともとは足利十三代将軍の義輝の持ち物だった。

義輝は剣の名人として名高い塚原卜伝から剣術の教えを受けている。そのため史上まれに見る剣豪将軍として知られている人物である。また大名間の調停などを積極的に行い、当時弱体化していた幕府と将軍家の権威を取り戻そうとするなど、政治的手腕にも秀でていた。

しかし将軍家を傀儡として権力を伸ばしてきた三好一族は、そうした義輝の才気を疎み、より扱いやすい足利義栄を将軍に据えて実権は自分たちが握ろうとした。そこで三好家の重臣、松永久秀と三好三人衆（三好長逸・三好政康・岩成友通）が中心となって義輝に謀反（永禄の変）をおこす。

■剣豪大名
他に塚原卜伝から剣を学んだ武将に、北畠具教《とものり》、今川氏真などがいる。

名刀ギャラリー
Meitou-Gallery
11

大般若長光

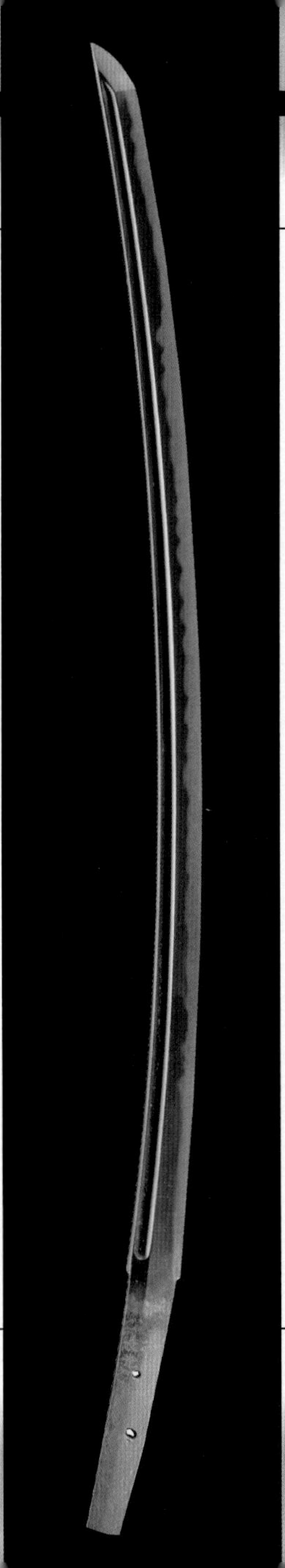

銘は「長光」。長光は鎌倉中期の備前長船派の刀工で華やかな刃文を得意とした。天正期の刀工の格付けで宗近、吉光などの名匠でさえ一〇〇貫という値であることから、六〇〇貫という値は相当の破格であったといえる。

■東京国立博物館所蔵
Image:TNM Image Archives
Source:http://TnmArchives.jp/

二条城を包囲されてしまった義輝は、畳に何本もの刀を突き立て応戦し、切れ味が落ちると別の刀に取り換えて戦ったという。大般若長光も、そのとき使われたと言われている。ただ、長光には刃こぼれなどは無く刃の状態は良いので、鎧武者を斬りつけたことはなかったのではないかとも言われている。真偽の程は分からないが、義輝の剣はすさまじく、寄せ手を十数人斬りふせたとも、四方から畳で押し込められてようやく討たれたとも伝えられている。

至高のプレミアム

長光はその後、松永久秀の手から織田信長に献上された。

駿河、美濃の国を取り、上洛を目指していた信長は、越前の朝倉氏と対立していた。それにより朝倉氏と縁が深かった浅井氏が離反し、信長は朝倉氏、浅井氏の連合軍を相手取って戦うことになった。これが世に言う姉川の戦いである。

信長はこの戦いで目覚ましい功績を残した徳川家康に長光を贈った。これで長光は三人の天下人の手を渡ったことになる。こうした輝かしい来歴が長光の価値をさらに高めていった。

その後、家康は奥平定昌に長光を贈っている。定昌は元は武田家に属していた武将だったが家康の娘婿になり、武田家を捨て徳川家に味方した人物である。武田家と織田・徳川家の戦い（長篠の戦い）において、定昌は最前線の長篠城に配置され、わずかな兵で籠城戦を持ちこたえ城を死守した。この功績が高く認められ、信長からも名刀福岡一文字を拝受している。また信長の名から一字をもらい、信昌を名乗ることを許されたという。

信昌の子らは松平の姓を与えられ、家康の養子となって徳川家を支えた。長光は松平家に代々伝わったが、後に刀剣収集家として知られる貴族院議員の、伊東巳代治伯爵がこれを買い取った。伊藤伯爵は明治憲法起草に関わり、大臣、書記官長などを勤めた一流の名士であった。その後長光は孫の伊藤治正伯爵によって帝室博物館（現東京国立博物館）に五万円で売却された。これは当時の都知事の年俸五年分に相当するという。現在でいうと約一億円ほどである。刀の値段としては破格といえる。現在では国宝に指定されている。

■伊藤巳代治《みよじ》

伊東巳代治は、在官中の一時期、東京日日新聞（現在の毎日新聞）の社主でもあった。これは、東京日日新聞が太政官御用を任じられ、官報に近い性格の新聞であったことに由来する。

城昌茂と津軽正宗

東北に伝わる謎の刀

■城昌茂（じょうまさしげ）
戦国時代の武将。初め武田家、滅亡後は徳川家に仕える。長久手の戦いに従軍。関東入府後忍・熊谷に七千石を給される。関ヶ原にも従軍するが大坂夏の陣において軍律違反に問われ改易された。

名刀として名高い正宗の内の一振り。茎に「城和泉守所持」という象嵌がある。これは刀目利きの最高権威である本阿弥光徳が入れたものである。そのため、この刀は、武田家の家臣であり、後に七〇〇〇石で旗本として取り立てられた城和泉守昌茂の持ち物だったと言われている。

昌茂の生涯について詳しい資料は少ないが、武田家では勝頼のもとで侍大将格であったという。徳川家に仕えて旗本になった後は熊谷（現在の埼玉県熊谷市）を領地としていたが、軍令違反で改易されてしまったらしい。その後この刀はどういう経緯かは不明だが東北の津軽家に伝わって、津軽正宗と呼ばれるようになった。

全体的に謎の多い来歴の刀だが、そもそも正宗自体が謎の多い刀工で、作風が一定でないことや、ほとんど刀に銘を入れないことから、真贋を見極めることが難しかった。数少ない真物の正宗である津軽正宗は、刀剣史的にも貴重な資料と言えるだろう。

名刀ギャラリー
Meitou-Gallery
12

津軽正宗

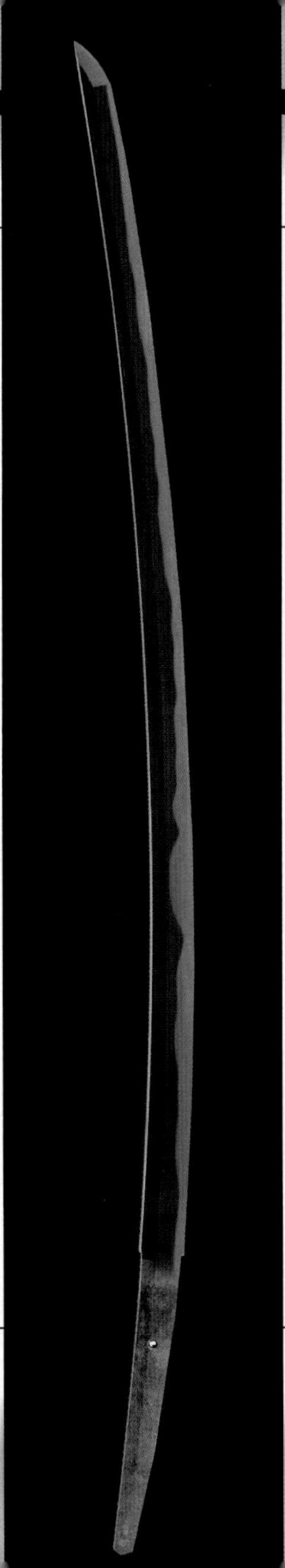

銘には金象嵌にて「城和泉守所持正宗磨上　本阿（花王）」とある。刀身は細身で反りが高く、鎌倉末期の太刀姿が表れている。また地鉄や刃に見られる鋼の粒子が美しいとされ、これは正宗が完成させた相州伝の特徴をよく示しているといわれる。

■東京国立博物館所蔵
Image:TNM Image Archives
Source:http://TnmArchives.jp/

■細川幽斎（ほそかわゆうさい）戦国時代から江戸時代前期の武将、歌人。細川忠興（ただおき）の父。足利義晴・義輝、織田信長に仕え丹後田辺城主となる。のち豊臣秀吉、徳川家康に仕える。和歌を三条西実枝（さねき）にまなび、古今伝授をうけて二条家の正統を伝えた。

細川幽斎と古今伝授行平《こきんでんじゅゆきひら》

文が武を止めた証しの刀

豊後の刀工で後鳥羽院御番鍛冶をつとめた行平の作刀。徳川家武将の細川幽斎（藤孝）の蔵刀であった。

関ヶ原の戦いの前哨戦として、西方の武将小野公郷は兵一万五千を率いて田辺城の幽斎を攻めた。幽斎は五百足らずの兵で籠城戦を続け、死を覚悟していた。

幽斎は武将であると同時に二条流の歌道に精通した当代随一の歌人であり、古今和歌集の解釈に関わる秘伝「古今伝授」の唯一の伝承者でもあった。もし幽斎が討ち死にすれば文化的な損失は計り知れなかった。幽斎の門下にあった八条宮智仁親王は何度も停戦の和議を試みた。幽斎の決意は固く、城と共に死ぬ覚悟であったが、ついには御陽成天皇の勅旨が下るにいたり幽斎は二ヶ月にわたる籠城を解いた。雅の道である古今伝授が、血なまぐさい戦を止めたのである。そして後に幽斎が勅使に贈った行平にも、古今伝授の名が冠されるようになったという。

名刀ギャラリー
Meitou-Gallery
13

古今伝授行平

鎌倉時代に活躍した豊後国の刀工、行平の作。国平は彦山の僧鍛治定秀の弟子とされている。細身で反りが高く小鋒の刀身は平安時代から鎌倉時代初期の太刀の特徴である。腰の部分には表に梵字と倶利迦羅（剣に絡みつく竜）、裏に仏像が彫られている。

■永青文庫所蔵

細川忠興と歌仙兼定

■細川忠興（ほそかわただおき）戦国時代から江戸時代前期の武将、大名。教養人・茶人としても有名で、利休七哲の一人に数えられる。茶道の流派三斎流の開祖。

忠興の非情さを伝える美しくも恐ろしい剣

美濃鍛冶の名工和泉守兼定の作。細川忠興の佩刀であり、忠興の考案した肥後拵（歌仙拵ともいう）の施された優美な刀である。

細川家は文武に優れた家柄で、忠興の父幽斎は歌の道を極めた歌人として有名だった。忠興は茶の道に通じており、千利休の高弟として「利休七哲」の一人に数えられた。後には自ら三斎流を興している。

そうした文化的素養を持つ反面、忠興には冷徹な面もあったと伝えられている。その顕著な例がこの歌仙兼定の名の由来にうかがえる。

歌仙とは歌道の名人で三十六歌仙が有名であるが、忠興も兼定で三六人の家臣を切り捨てたのだという。事実ではなくともそうした世評が立つ要素はあったのだろう。

忠興は信長を敬しており、臣下だったころに貰った九曜紋を代々家紋とした。また本能寺の変では明智光秀の協力を断り、幽閉された過去がある。忠興の冷徹さ、癇性は信長を真似したものなのかも知れない。

■細川家

忠興の直系にあたる肥後細川家は名門として現代まで続いており、平成五年に内閣総理大臣を勤めた細川護熙氏は18代目の当主である。護熙氏は平成10年に政界を引退し、忠興と同じく茶人として不東庵を構え、そこで作陶などをしている。

名刀ギャラリー
Meitou-Gallery
14

歌仙兼定

二代目兼定の作。室町時代に東国一の刀工と評され、彼の刀は諸大名が争って求めたといわれる。後に山田浅右衛門もその兼定の斬れ味に「大業物」の評価を下した。身幅が広く鎬の高い実用に適した造込を得意とし、茎尻が栗形なのも特徴である。

■永青文庫所蔵

毛利元就と福岡一文字

大胆な野心家が神に奉納した刀

■毛利元就（もうりもとなり）
室町時代後期から戦国時代の安芸の国人領主・戦国大名。中国地方のほぼ全域を支配下に置くまでに勢力を拡大した。用意周到な策略で自軍を勝利へ導く稀代の策略家として名高い。

福岡一文字は茎に「一」の字を刻むのが特徴の一文字派の作。知将・毛利元就の佩刀である。

元就の前半生は不遇で、少年のうちに両親を亡くし家臣に知行を乗っ取られてしまうという悲惨なものだった。だが家督を継いでいた兄とその嫡男が急逝し、二七歳で毛利家の当主となると、あらゆる知略を使い勢力を拡大し、ついには安芸一国を手中にした。あるいは少年期の逆境がこうした気骨を作ったのかもしれない。

元就の野心家ぶりを示す逸話として元服前の元就が厳島神社に参拝した際の逸話がある。

この時、家臣は元就が安芸一国の主になれるように祈願したが、元就は「天下の主を目指す気概があって初めて一国が取れる。最初から一国しか望まぬ者は一国も手に入れられない」と家臣を諌めたという。

ちなみに福岡一文字が納められているのもこの厳島神社である。

■三本の矢
一国を手に入れた後の元就は、三人の息子に教訓状を残し、手にいれた国を守ること、続けることを大事にしろと伝えている。これを簡略化したような教訓が、有名な「三本の矢」の話である。元就は単に上ばかりを見る野心家ではなく、為政者としても高い見識を持っていたようである。

名刀ギャラリー
Meitou-Gallery
15

一文字

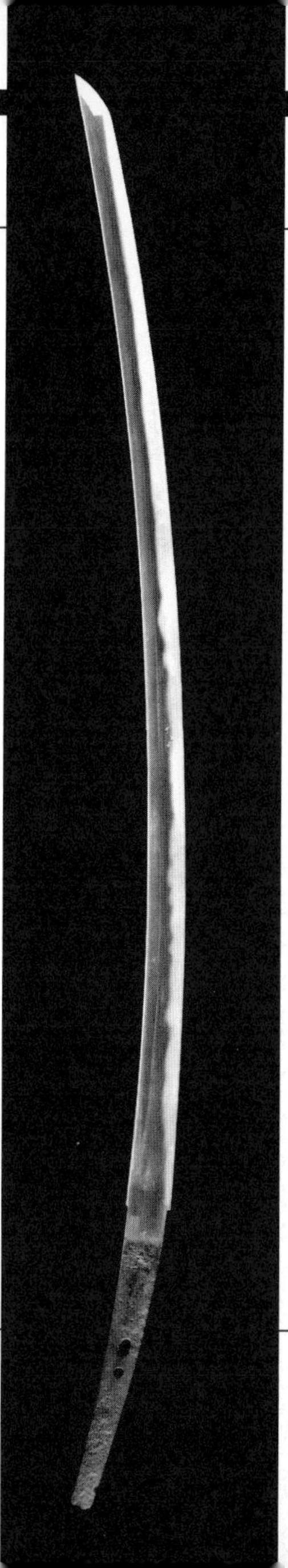

身幅は広くないものの、腰反りの高い踏張りのある姿が鎌倉時代中期の特徴をよく表している。この作風と茎に大きく彫られた一文字の字体で備前国の福岡一文字の作と見られている。毛利元就が厳島神社に奉納したと伝えられる。

■厳島神社所蔵

■池田輝政（いけだてるまさ）
戦国時代から江戸時代前期の武将、大名。豊臣秀吉の九州攻めなどに従軍、羽柴姓をあたえられる。姫路城を現在残る姿に大規模に修築したことで知られる。

池田輝政と大包平《おおかねひら》

名刀中の名刀

大包平は備前三平（包平、高平、助平）に数えられる名工包平の会心作である。三尺に届かんばかりの大太刀で、美術的な評価は童子切安綱と並ぶ名刀の横綱と言われている。

持ち主は大名の池田輝政。十六歳の初陣から最前線で戦い続け、美濃、三河、播磨と所領を転々とした武将である。家康の娘婿でもあり、徳川家の覚えはよく、最終的には姫路藩五二万石の大名となった。また子の忠継は岡山藩の藩主を任された。

輝政は、信長、秀吉、家康と、武家の頂点に立った武将の下で戦い続けてきた。そして不思議とどの武将からも愛されてきたようだ。武骨ながらまっすぐな気性が信頼されていたようである。

そんな武人らしい輝政だが、大包平を実際に振るった記録はない。刀は実用品、闘争の道具であるが、大包平はもはや芸術品であり家宝と言える。輝政も傷をつけるような恐れのあることはしなかっただろう。

名刀ギャラリー
Meitou-Gallery
16

大包平

銘には「備前国包平作」とある。身幅が広く腰反りは高く、鋒は猪首鋒という平安時代末期より伝わる雄大な大太刀である。豪華な装飾が特徴の桃山拵が付属していたが、終戦後の混乱で失われてしまった。

■東京国立博物館所蔵
Image:TNM Image Archives
Source:http://TnmArchives.jp/

石田三成と石田切込正宗

戦国期の傷痕を今に残す逸品

■石田三成（いしだみつなり）
戦国時代の武将、大名。知将として秀吉の全国制覇の戦いに従う。軍事よりも内政や吏務に優れ五奉行の筆頭となる。秀吉の死後、徳川家康と対立し、関ヶ原の戦いに敗れて捕らえられ、京都にて処刑された。

石田正宗は、秀吉の重臣石田三成が佩用したという一振りである。無銘ではあるが、その作風からおそらく名匠正宗の作であろうと伝えられている。その名に「切込」とあるのは実際に剣戟による切込が刀身に入っているためである。

三成は優秀な官僚であったが勇壮な武人というわけではなかった。二度の朝鮮出兵においても三成は後方支援で活躍している。しかしこれが前線で消耗しながら武功をあげた七本槍の面々などから反感を招くこととなった。ついに彼らは三成の屋敷を襲撃するが、事前に危機を察知した三成は徳川家康の屋敷へと逃げ延びた。この襲撃の黒幕は家康その人だったのだが、あえて三成はそこへ飛び込んだのだという。

家康は平静を装い、三成に好意的だった次男の結城秀康に命じて三成を居城の佐和山城へ送り届けさせた。この時の恩義に報いるために三成は秀康に石田切込正宗を贈ったと伝えられている。

■七本槍
加藤清正、福島正則、加藤嘉明、片桐且元、加須屋真雄、平野長泰、脇坂安治。この七人は賤ヶ岳の七本槍と呼ばれた。槍一本でのし上がったとされる彼らは豊臣家の武断派の中軸として活躍を見せた。

名刀ギャラリー
Meitou-Gallery
17

石田切込正宗

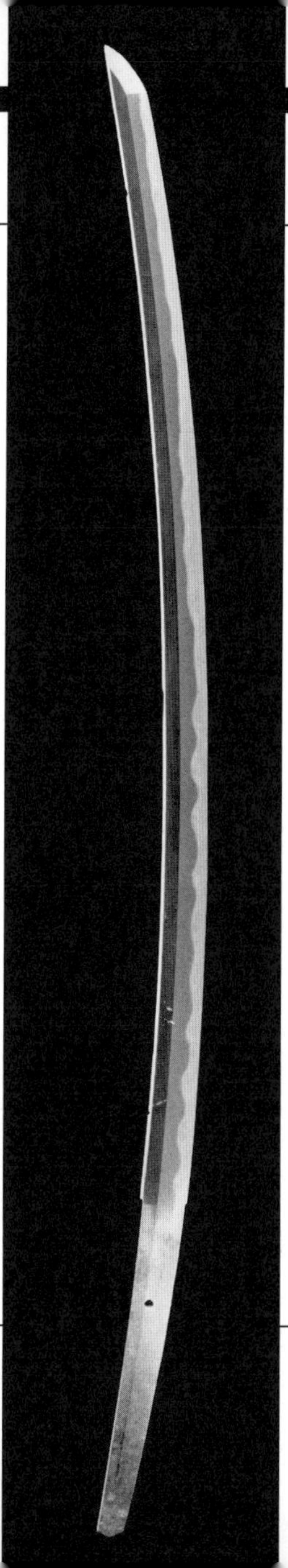

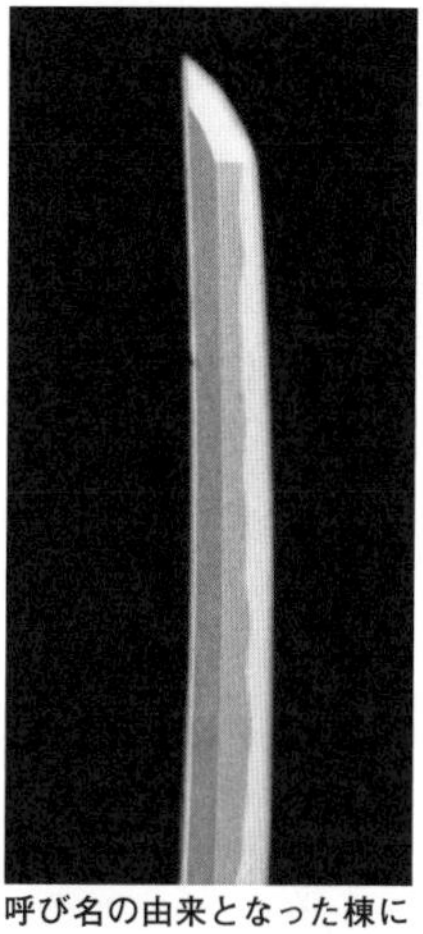

呼び名の由来となった棟に残る切り込み。実戦の記憶を遺す傷痕は他にも数ヶ所見られる。

多くの正宗の刀と同様に無銘である。棟に残る傷痕も特徴的だが、反りの高い中鋒の刀身に乱れ刃と呼ばれる波立った刃文、刀身にみられる鋼の微粒子（沸《にえ》）の模様や変化の美しさなど、正宗の作風の特徴を示す代表作とされる刀でもある。

■東京国立博物館所蔵
Image:TNM Image Archives
Source:http://TnmArchives.jp/

丹羽長秀とニッカリ青江

戦国大名を転々とした幽霊斬り

■丹羽長秀（にわながひで）
戦国時代から安土桃山時代の武将、大名。織田氏の家臣。秀吉とともに明智光秀をやぶり、清洲会議では秀吉を支持。賤ケ岳の戦いでも秀吉に従い越前、若狭と加賀半国を領有した。

ニッカリ青江は備中青江派の作とされる名刀である。「羽柴五郎左衛門尉長」と、丹羽長秀の名乗り姓や官職が銘に彫られていることから長秀の佩刀と伝えられている。

ニッカリ青江という奇妙な号の由来については諸説ある。共通しているのは、夜道を歩いていた武士が「ニッカリ」と笑う女の幽霊に声をかけられ、刀を抜き打って斬り倒した、という点である。

一説ではこの武士は近江国在住であり、ニッカリ青江は近江を治めていた大名柴田勝家の所有となったという。しかし信長の後継者争いである賤ヶ岳の戦いで敗れ、柴田家は滅亡する。こうしてニッカリ青江は戦勝軍の長秀の手にわたり、丹羽家二代へ受け継がれたとされる。

のちに豊臣秀吉へと献上されたニッカリ青江は、豊臣秀頼を介して豊臣家に忠義を尽くした京極高次に与えられたと伝えられている。京極家はこの妖刀を代々秘蔵し、世に流出したのは戦後のことであった。

■羽柴姓

丹羽長秀は織田家の家老であり、柴田勝家に次ぐ席次であった。当時の木下藤吉郎秀吉が名乗った「羽柴」という姓は、柴田と丹羽から一字取ったとされている。しかし、後に立場が逆転して秀吉が主君となり、逆にその姓を賜ることになってしまった。

名刀ギャラリー
Meitou-Gallery
18

ニッカリ青江

元は二尺五寸の太刀だが、三度にわたる磨り上げによって一尺九寸九分まで磨り上げられた。江戸時代に刀剣極所の本阿弥家の鑑定により無代（値が付けられないほどの極上品）とされた。重ねが薄く大鋒でいかにも切れそうな刀である。

■丸亀市立資料館所蔵

奥平信昌と一文字

命を懸けた戦いの恩賞

■奥平信昌（おくだいらのぶまさ）
戦国時代から江戸時代の武将。祖父の代まで今川氏に属していたが桶狭間の戦い後に徳川家康の傘下となり遠江国掛川城攻めに加わった。徳川家康の長女、亀姫を正室とし、家康に娘婿として重用された。

大般若長光の項でも軽く触れているが、家康の家臣の奥平信昌が「長篠の戦い」の功績において信長から拝受したのがこの一文字である。この戦の名をとって長篠一文字とも呼ばれている。また、もともと信昌は定昌という名前だったのだが、長篠の戦いの功績により信長から名を一字もらい、信昌と名乗るのを許されたという。

信昌は武田側の武将だった。しかし武田軍との戦いにおいて奥平氏が大きな障害になると考えた家康は説得を重ね、戦後の待遇の保証や自分の娘の亀姫との婚約を条件として信昌を味方に引き入れた。

この裏切りに怒った武田勝頼は信昌配下五〇〇名で守る長篠城を一〇万を超える兵で攻めた。だが信昌はこれを守り通した。この城が陥落していたら後の戦いもどうなっていたか分からない。実に金銭には代え難い命をかけた働きである。武士の魂である刀を贈るというのはそれに最大限報いたものだったのだろう。

歴史散策・戦国絵巻
Ground on history stroll

長篠の戦い

■長篠合戦屏風図

長篠の戦いというと織田信長軍の鉄砲隊が有名だが、奥平軍も長篠城に篭城し二〇〇丁の鉄砲や大砲を使用して武田軍の猛攻に耐えた。援軍により長篠城が解放された後も奥平軍は積極的に追撃を行い武田本隊の退路を脅かす功績をおさめた。

真田幸村と千子村正《せんじむらまさ》

徳川に祟る妖刀？

■真田幸村（さなだゆきむら）
戦国時代から江戸時代前期の武将。関ヶ原の戦いに際しては西軍に属し、父とともに居城の信濃上田城で徳川秀忠軍を阻止、大坂冬の陣で武名を知らしめた。

千子村正は刀工村正一門の初代である。「千手観音に祈願して生まれた子」という意味で千子と名乗った。村正は妖刀として有名である。家康の祖父と父を斬った刀が村正であったことや、嫡男の信康が死罪の時に介錯に使われたことなど、なにかと徳川家に仇をなすために家康が村正を嫌ったことに由来すると言われている。つまり徳川に対して祟る妖刀として忌まれたものだ。

真田幸村も村正を所持した武将である。幸村が村正を身に帯びたのは、反徳川を強く打ち出すためだったとも言われている。真田家は織田と徳川の連合軍に滅ぼされた武田家に仕えて、主家を何度も替え逆境の中を生きてきた。幸村は家を守るために人質として諸大名に預けられる生活を長く強いられたが、武将としての幸村は錆びてはいなかった。大坂夏の陣では西方につき、海道一の弓取りと言われた家康の軍を相手に本陣まで突破して後一歩のところまで追いつめたのである。

■妖刀伝説

徳川家伝来の品を管理する徳川美術館の見解では、実際には家康も村正を所蔵していたので、特に嫌っていたということはなかっただろうとされている。

名刀ギャラリー
Meitou-Gallery
19

村正

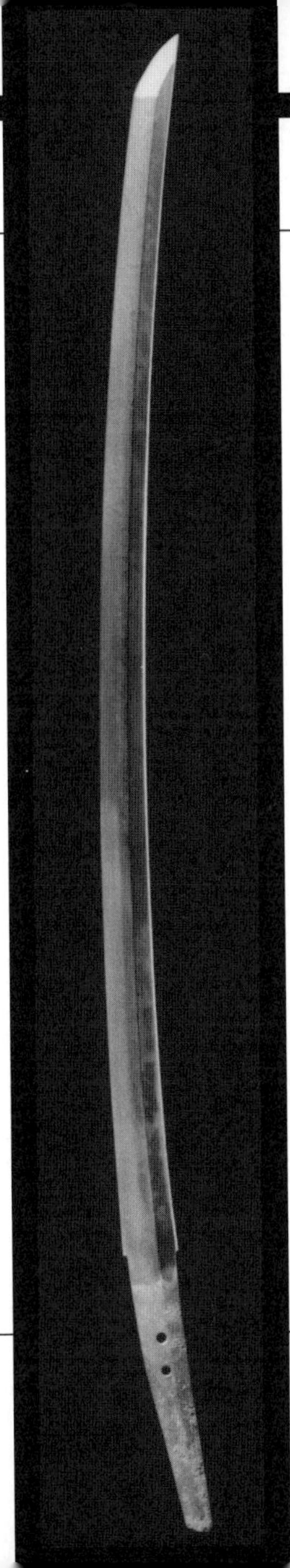

写真は徳川家康が所持していたとされる村正。家康の死後、尾張徳川家に形見として伝来したという。鋒が伸びて鎬が高く、茎はタナゴ腹型と呼ばれる形が村正の特徴である。家康が村正を嫌っていたかどうかはともかく家康と縁のある刀であることは間違いない。

■徳川美術館所蔵

■明石松平家（あかしまつだいらけ）
徳川家康の次男松平秀康を家祖とする一門の分家。初代美作津山結城秀康の六男直良を祖とする家。越前木本、越前勝山、越前大野を経て、明石に移った。

松平家と明石國行

敵味方を越えて守った國行の価値

明石國行は、國俊、國光と連なる名工一門の事実上の始祖、来國行の作。刀身の腰もとに密教の法具である三鈷柄剣の彫刻が入っているのが特徴である。最後の明石藩領主だった松平家が所蔵していた。國行がどういう経緯で松平家に所蔵されたかは不明である。

國行の価値を示す話として、信長の持つ「不動國行」の逸話がある。信長は、自分の持つ天下の三大名宝として、茶器の「つくも髪」、家臣の丹羽長秀、そして不動國行をあげ、これを酒席で歌ってほめたという。やがて本能寺の変で信長が死ぬと、不動國行は明智光秀の重臣、明智左馬之助の手にわたった。しかし左馬之助も秀吉に城を攻められ、ついには追い詰められてしまう。このとき、左馬之助は自分の命は諦めたものの、天下の名宝を戦火で失うのは無益と考え、秀吉に國行を託したと言われている。死に面してなお、刀の行方を案じたという左馬之助も尋常ではないが、それだけ國行には価値があったということだろう。

■つくも髪

つくも髪は、付藻茄子などとも言い、茶匠、村田珠光が九十九貫文の値をつけた名物。戦国時代以降はさらに価値が高騰して、信長にこれを献上した松永久秀はその十倍近い値段でこれを購入している。現在は静嘉堂文庫美術館が所蔵。

名刀ギャラリー
Meitou-Gallery
20

明石國行

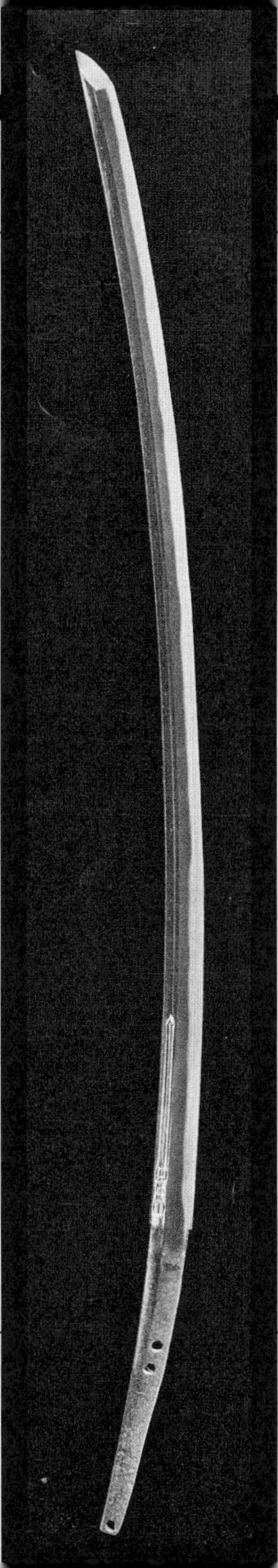

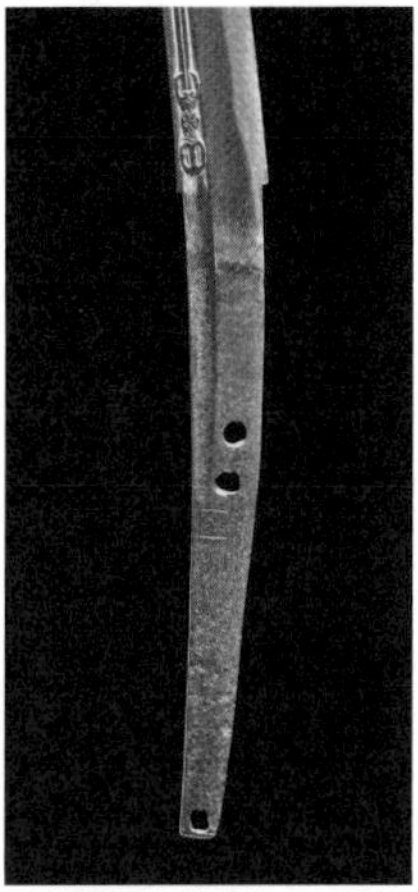

不動明王などが持つ三鈷柄剣は利剣ともいい、密教における法具である。

國行会心の作と言われる一振。焼幅が広く踏張りの強い刀身は棟にも焼きが入り強度が高められている。腰もとに施された「三鈷柄剣」の浮彫が特徴的な刀だが、このような意匠は國行の作のみならず同時代の刀としても非常に珍しいものである。

■日本美術刀剣協会所蔵

■前田利家（まえだとしいえ）
戦国時代から安土桃山時代の武将、大名。はじめは織田信長に仕える。天正十一年賤ケ岳の戦いで豊臣秀吉について加賀二郡をあたえられ、居城を七尾から金沢にうつした。秀吉治下では五大老の一人。民政や理財の才もあり、茶の湯、和歌にも長じた。

前田家と大《お》典《おで》太《ん》光《たみ》世《つよ》

謎に包まれた刀

作者、三池光世は謎に包まれた鍛冶である。平安時代後期から室町時代にかけて筑後国に続いた一派とされているが、銘が切ってある刀はこの大典太のみである。

加賀前田家の重宝であり、伝説では足利将軍の持ち物であったのが徳川家に渡り、それが前田家に伝わったとされているが、来歴には不明な部分が多い。平安の太刀にしては身幅が広く重厚な造りになっており、同時代の一般的な作風からは外れている。そのことから、名古屋刀剣研究会の杉浦良幸氏は光世は平安時代に遡るほど昔の刀工ではなかったのではないかということを示唆している。

しかし、大典太が天下五剣に数えられる名刀であることは間違いない。美術的価値ももちろん高いが、実用刀としての切れ味も鋭く、刀剣吟味を司る公儀御様御用の山田浅右衛門は、大典太で三つ胴（三つ重ねた屍体を斬る試し）で、二つを両断し、三体目の背骨まで斬り込んだという。

■山田浅右衛門
首切り浅右衛門の異名でも知られている。罪人の処刑と刀剣の鑑定を司る山田家では、当主が代々、浅右衛門の名を引き継いだ。大きな権威を持っていたが、幕臣ではなく浪人である。

名刀ギャラリー
Meitou-Gallery
21

大典太光世

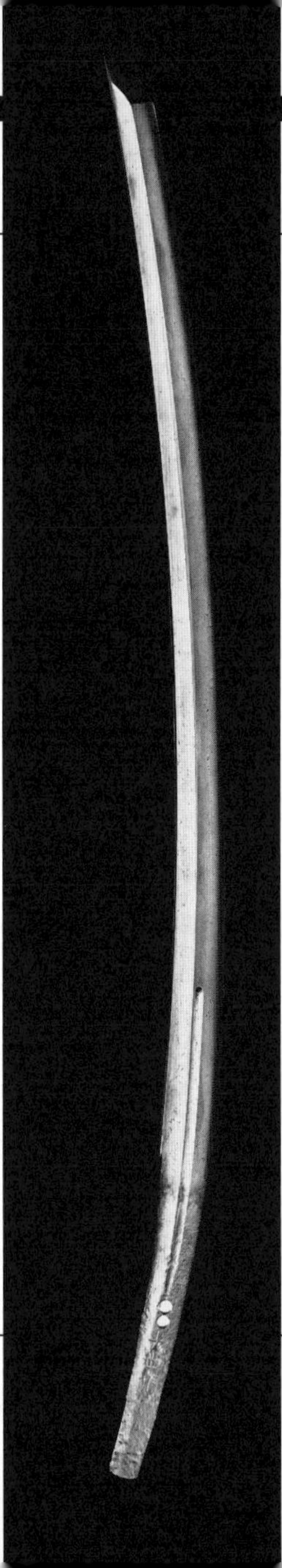

神秘的な逸話を持つ前田家の重宝大典太は代々の当主が自ら手入れをしたと伝えられる。身幅が広く猪首鋒という、見るからに重厚な造りである。江戸時代に山田浅右衛門が試し切りで三つ胴で二体を断ち、三体目の背骨で止まったと記録されている。

■前田育徳会所蔵

奇病を治した霊刀

この刀が前田家に譲られたのには奇妙な理由があった。

当時、藩主の前田利家は娘の原因不明の病に悩んでいた。病状は日に日に悪化するばかりであったが、不思議なことに秀吉から借り受けた秘蔵の大典太を枕もとに置いたところ、たちまち娘は回復した。だが利家が大典太を秀吉に返すとたちまち娘は病をぶり返したのである。

こんなことを三度繰り返した結果、秀吉はついに大典太を手放し、利家に与えたという。また別伝では前田利常が徳川秀忠からもらったとも言われているが、これも病気の下りの逸話は同じである。

三条宗近の太刀、静御前の薙刀と並んで大典太は「前田家三種の神器」と呼ばれ、霊験あらたかな刀として神格化されて伝わった。歴代当主のみがそれを触ることができ、それも年に一回手入れするのみで普段はシメ縄を張って安置したという。またこの剣をしまっている蔵は「とまった鳥が落ちる」「鳥が近付かない」などと言われ、「鳥とまらずの蔵」と呼ばれた。

■東照宮
現在では日光東照宮が有名で、固有のものと思われがちだが、家康を祀る東照宮は数多く、現在でも上野東照宮、名古屋東照宮、紀州東照宮などが名所として残っている。

現在、大典太光世は加賀前田家伝来の品を展示している前田育徳会で保管されている。

家康の守り刀

家康の佩刀にも光世作と呼ばれるものがあった。

元和二年（一六一六年）、家康は食中毒をこじらせ死の淵にあった。家康は駿府町奉行の彦坂九兵衛光正を呼び、光世を使って試斬りをするように命じた。光正は光世を使って罪人の首を斬らせた。すると刀は罪人の首を落とすに留まらず、勢い余って土壇に食い込んだという。その報告を聞き家康は満足した。家康は自分が死んだ後に枕刀として、光世を傍らに置くように言い遺し、死後自分の神霊がこの剣に留まり国家を永く守るように祈念した。

翌日、家康は息をひきとり、刀は遺言に従い枕刀とされた。その後光世は家康を神として祀る駿州の東照宮に祀られ、現在に至っている。光世にはやはり武器や美術品としてだけでなく霊的な力があるように思われていたようである。

伊達政宗と名刀

恋の歌にちなんだ磨上げの脇差

■伊達政宗（だてまさむね）
戦国時代から江戸時代前期の武将、大名。一八歳で家督を継ぎ、奥州畠山・蘆名氏を滅ぼし、奥州南部で一大勢力を築くが、天正一八年小田原攻めに参陣して豊臣秀吉に服属。関ヶ原の戦いでは徳川方につき、慶長八年陸奥仙台藩主伊達家初代となる。

奥州青葉城に居をかまえ独眼竜の異名をとどろかせた戦国武将、伊達政宗にも幾つかの名刀にまつわるエピソードがある。

江戸時代、「正宗といえば名刀、名刀といえば正宗」というほど、一大正宗ブームが起り、諸大名はこぞって正宗を自分の差し料にした時期があった。そんな折のこと、ある大名が登城していた政宗の腰の物について「それは当然、正宗でしょうね」と聞いた。城中であるから大刀は差していない。脇差について聞かれたのである。政宗は「もちろん正宗である」と答えた。しかしこれは嘘であった。

政宗は屋敷に帰った後、さっそく正宗の脇差を探させたが見つからなかった。やむを得ず、政宗は正宗の大刀を磨り上げ、脇差に仕立て直した。政宗の性格を表わした逸話である。

政宗はこの脇差に「振り分け髪」の号をつけたという。これは『伊勢物語』にある「くらべ来し 振り分け髪も 肩過ぎぬ 君ならずして 誰か

名刀ギャラリー
Meitou-Gallery
22

池田正宗

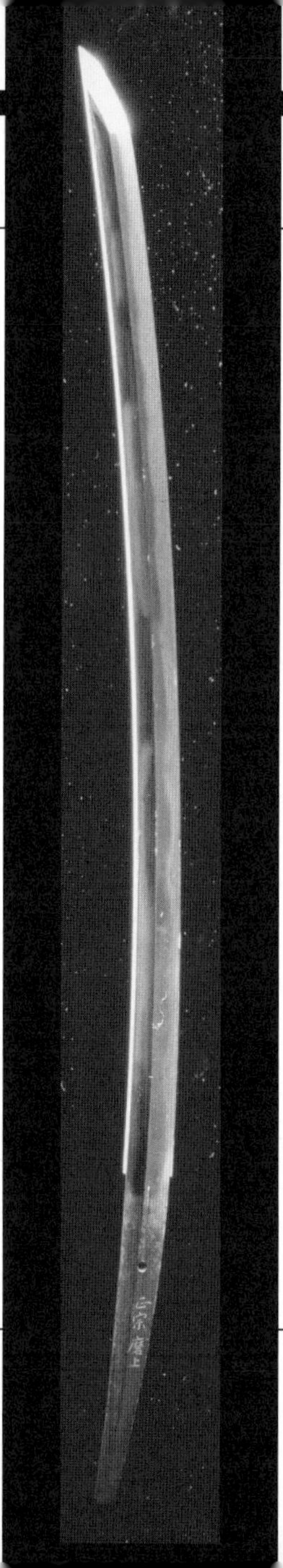

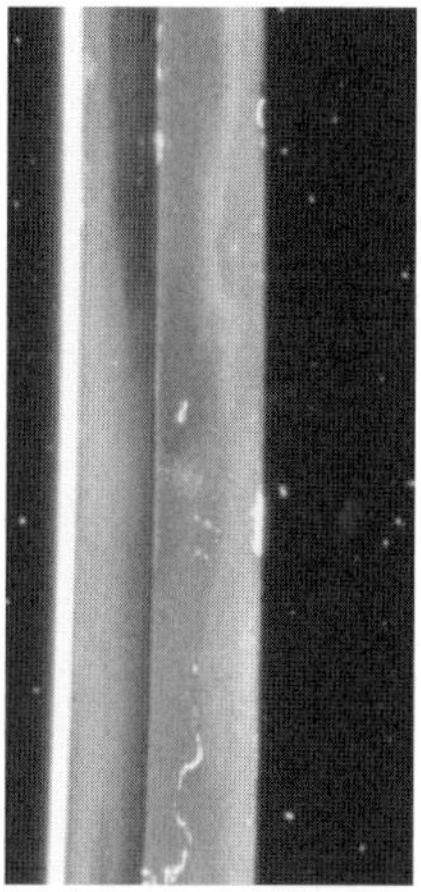
刀身中央部には刃こぼれが見られ、実戦で使用されたことを物語る。

銘には金象嵌で「正宗磨上」「本阿弥（の花王）」と彫られている。鋒が伸び、身幅の広い刀身には裏表に太い棒樋が彫られている。号の池田正宗とは池田備中守長吉の所持に因む。池田長吉から徳川秀忠を経て尾張徳川家に伝来した。

■徳川美術館所蔵

あぐべき」（※昔、あなたと長さを比べあった髪も、肩を過ぎるほど長くなりました。その髪を夫として結いあげてくれるのは、あなた以外に誰がいるというのでしょう）という歌から取ったものである。これだけ長かった名刀を脇差にするとは、自分以外の誰が出来ようか、という意味を込めた諧謔《かいぎゃく》である。元々この歌は「筒井筒 井筒にかけし まろが丈生いにけらしな 妹見ざるまに」（※昔、並んで井戸の水で背丈を比べ合った私の背も、あなたが顔を見せてくれない間にこんなに伸びました）という求婚の歌に対する返歌で、刀につけるにはずいぶんと色っぽい名前だと言える。この歌をテーマにした能の舞台に「井筒」がある。政宗は能を好んだのでそこから着想を得たのかもしれない。こうしたセンスはまさに「伊達男」と言える。

長く眠っていた名刀國永

ほかにも伊達家は何振りかの名刀を持っていた。備前景秀の作で大猿を斬ったという「くろんぼ切」や、太鼓鐘貞宗、大倶利伽羅広光などである。鶴丸國永もそのうちの一振りである。

國永は平維茂の孫、城太郎の佩刀であったのが、北条家、織田家に伝わり、その後信長の家臣の一人が賜っていた。だが持ち主を転々とし代が代わったことで、価値を知るものがいなくなっていた。これがあるとき鑑定によって名刀であることが分かり、伊達家に買い上げられたのだという。その後國永は明治九年に明治天皇に献上された。

政宗が育てた刀鍛冶

こうした政宗の蒐集家、数寄者としての面は古刀だけには限らない。目にかけた刀鍛冶を主命で留学させたりもしている。のちに山城大掾《やましろだいてん》を受領した藤原国包がその人である。

国包は政宗の命をうけ、京の名工・越中守正俊に師事した。そして江戸時代きっての柾目《まさめ》鍛えの名手と呼ばれるほどになった。その後、大阪夏の陣で匠の技を大いに発揮し、政宗から軍扇と直筆の和歌をもらったという。国包の一派は十三代を重ね、明治まで名跡を残した。政宗は単なるコレクターではなく、優れた職人を育て文化を保護するパトロンでもあったのである。

直江兼続と三条宗近《さんじょうむねちか》

忠義一筋の義人の持ち物

三条宗近は、天下五剣に数えられる三日月宗近の作者である。名工として数々の伝説が残されているが、銘の入った刀は三日月宗近しか現存していない。しかし、上杉家の家老、直江兼続が宗近を磨り上げたものを佩刀としていたと伝えられている。

兼続は義に厚い人だったと伝えられている。学問所や文庫を立ち上げた読書人で文化人であると同時に、武勇に優れた偉丈夫であったため、是非、家中にと望む大名も多かった。しかし兼続は好条件での移籍話をことごとく断り、上杉家に仕え続けた。また豊臣臣下だった石田三成と親交があったため、秀吉の死後まっこうから家康に意見する「直江状」を書き送ったことでも知られている。近年にはＮＨＫ大河ドラマの主役になるほどの認知を得た。

刀以外の持ち物では、前立てに愛の字を大きくあしらった兜が有名だが、これは愛染明王、もしくは愛宕権現から取ったと言われている。

■直江兼続（なおえかねつぐ）
戦国時代から江戸時代前期の武将。上杉謙信、上杉景勝に仕え執政として家中を支えた。内政外交の手腕に優れ、関ヶ原の戦い後、会津一二〇万石から出羽米沢三〇万石に大減封された藩の建て直しにあたる。

■直江状

現在伝わっている直江状は写しだが、使われている文法などから真偽が論争されている。しかし、家康が兼続の書状に対して怒ったということは記録がある。

名刀ギャラリー
Meitou-Gallery
23

三日月宗近

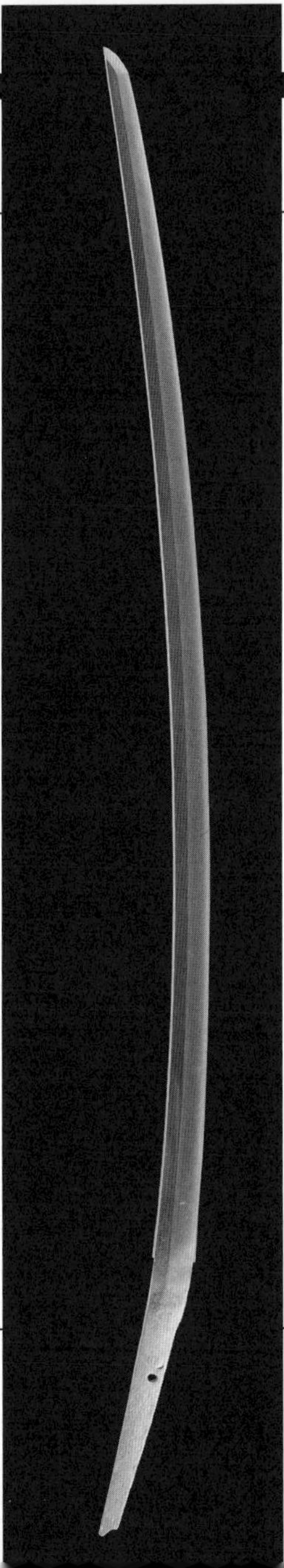

写真の刀は直江兼続の佩刀とは異なるが、三条宗近の作『三日月宗近』（銘「三条」）。天下五剣の一つとして数えられた名刀である。踏張りの強い姿は平安末期の特徴となっている。現存する宗近の刀は非常に少なく、貴重な一振りである。

■東京国立博物館所蔵
Image:TNM Image Archives
Source:http://TnmArchives.jp/

■武田信玄（たけだしんげん）
戦国時代の武将。父を駿府の今川氏のもとへ追放して甲斐の国主となる。信濃の諏訪、伊那などを攻略、川中島で越後の上杉謙信と数度にわたって戦う。駿河をも支配し、北条氏と和議を結んだ後京都をめざして軍をすすめ、織田信長の同盟軍徳川家康を三方原で破ったが、翌年に病没した。

武田信玄と一文字の太刀

父子の確執

武田家は甲斐源氏の子孫といわれ、甲斐一帯を支配した大名である。十八代当主の武田信虎は甲斐の統一を成し遂げた名将だが、暴君としての逸話も残り、子である信玄との不仲も伝えられている。

武田家を中心に描いた軍記物語「甲陽軍艦」には信玄が十三歳の時のエピソードが記されている。

幼い信玄は信虎に秘蔵の名馬「鬼鹿毛《おにかげ》」を譲ってくれるよう使者を通じて頼んだ。しかし信虎は「まだ早い。そなたには来年元服した折に武田重代の太刀、脇差、鎧を鬼鹿毛といっしょに譲ろうぞ」と断る。どうしても馬が欲しかった信玄は「鬼鹿毛だけでも先に頂き、元服の初陣の時に乗りこなしてみせましょう」と食い下がる。これに信虎は激怒して「武田重代の宝物を要らぬというのか！　では弟の次郎（信繁）に譲るとしよう！」と言い、信玄からの使者を斬ろうとしたという。ただし「甲陽軍艦」は創作を交えた物語であり、史料としての価値は疑わしいとい

名刀ギャラリー
Meitou-Gallery
24

南天薬師瑠璃光如来
備前国長船住人景光

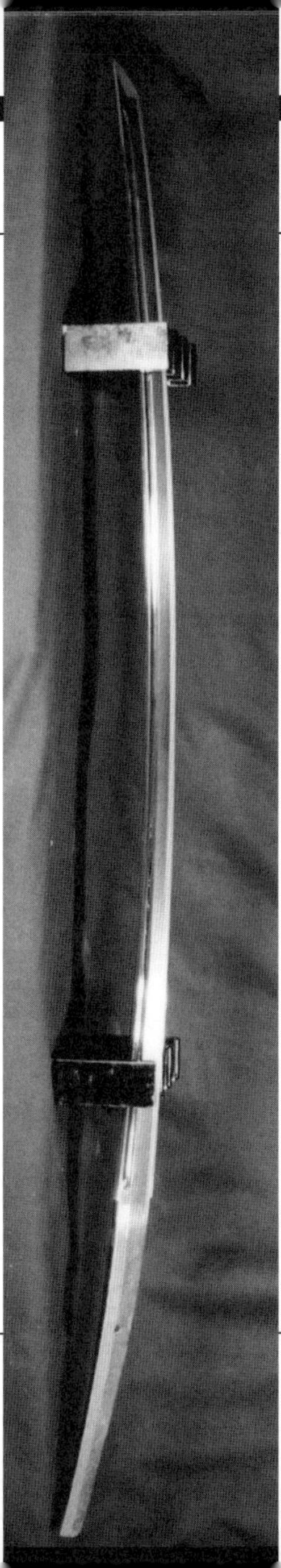

景光は鎌倉時代末期に活躍した刀工。長船派の祖である光忠の孫にあたる備前長船派直系の刀工である。「鋭く、折れず、曲がらず」を追求した景光の刀は信玄のライバルである謙信も景光の刀を愛したという。

■富士山本宮浅間大社所蔵

うのが現在の通説となっている。

信虎は愛刀家でもあったといわれ、特に名刀「宗三左文字」が名高い。三好宗三から贈られたこの刀は「義元左文字」とも呼ばれ、信虎が今川義元と和睦する際に義元に贈られた。以後義元から信長、秀吉、秀頼、家康と天下人の間を転々として徳川家の伝家の宝刀として伝わった。

甲斐の虎と越後の龍

武田信玄と越後の上杉謙信は、幾度も剣を交えた好敵手同士である。すでに甲斐を平定していた信玄は信濃に攻め入るが、これを脅威と見た謙信は信濃方面に貴重な兵力を割く。なかでも五度にわたる川中島の戦いは現代でも人気の高い歴史的対決である。しかし二人はただいたずらに敵対していた訳ではなかったという。

武田・今川・北条の同盟関係が悪化していた頃である。駿河の今川氏が北条氏と共謀して、太平洋側から甲斐への塩の補給を封鎖したことがあった。武田氏の領地は海に面していないため、塩分を摂取できずたちまち窮地に陥った。

これを卑怯と見た謙信は日本海側の越後から本国に塩を送る武田の兵を黙認した。実際に塩を贈り物として届けたわけではないのだが、これが「敵に塩を送る」という格言のいわれである。

日本海側からの塩さえも封鎖すれば武田攻略は容易いと謙信は知っていたはずである。しかし謙信は「信玄とは武力で戦いたいものだ」と言い、塩を運ぶ武田軍を見逃したと「甲陽軍艦」は伝えている。

感動した信玄はこれに報い、謙信に一振りの太刀を贈ったという。鎌倉中期の備前一文字派の刀である。銘には「弘」の文字が読み取れるが、下の文字が磨り潰されており判然としない。贈答用に信玄が細工したとも伝えられる。愛刀家でもある謙信がひときわ気に入っていたのが備前刀であり、信玄は謙信の好みに合わせたのかもしれない。信玄は死ぬ直前に「何かあった時は越後の上杉謙信を頼るべし」と実子の武田勝頼に残したとさえ伝えられている。二人の好敵手ぶりを示す逸話である。

その後この一振りは「一文字の太刀」と呼ばれて代々上杉家に伝わっていった。故事から「塩留めの太刀」とも言われるこの太刀は、今では重要文化財に指定され、東京国立博物館の所蔵となっている。

上杉謙信が愛した刀

長刀を好んだ愛刀家

■上杉謙信（うえすぎけんしん）
戦国時代の越後国の武将、大名。後世、越後の虎とも越後の龍とも呼ばれた。周辺の武田信玄、北条氏康、織田信長らと合戦を繰り広げ、特に武田信玄との川中島の合戦はよく知られている。

上杉謙信は越後守護代の長尾家に生まれ、長尾景虎と名乗る。のちに関東管領の上杉家の家督を次いだ景虎は、上杉政虎、上杉輝虎と名を変えた。現在親しまれている「謙信」の名は法号である。

謙信はみずからを仏教の軍神である毘沙門天の生まれ変わりと信じており、戦略戦術はもちろん剣術の腕も相当だったとされている。越後の虎の異名を持ち、武田信玄、織田信長ら諸国の大名をおそれさせた。

生涯にわたり妻帯せず、領土的野心を持たなかったストイックな武将謙信は愛刀家でもあったという。現在でも上杉家の蔵刀は数多く残っているが、その特徴としては長大な刀が多いことが挙げられる。これを裏付ける逸話が『常山紀談』にある。

豊臣秀吉がある日、大坂城に登城してきた諸国大名の佩刀を外装だけでどれが誰のものかピタリと言い当てた。謙信の世継ぎである上杉景勝の佩刀に関して秀吉は「謙信以来、上杉家では長い刀を好む」と推理の

名刀ギャラリー
Meitou-Gallery
25

謙信景光

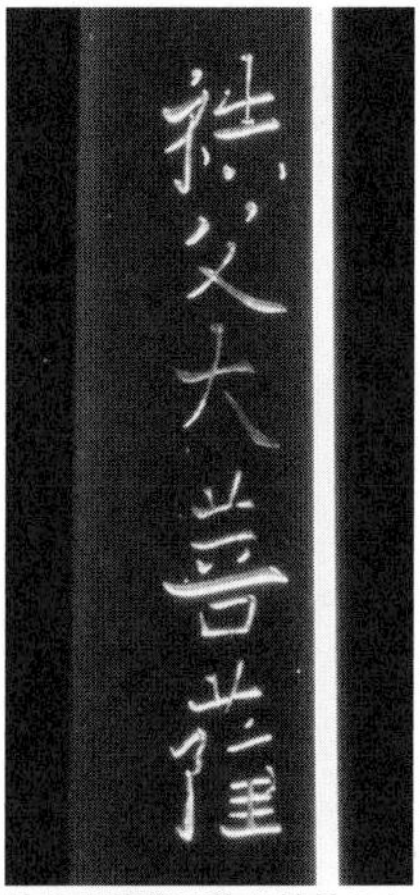

秩父大菩薩は秩父神社の主祭神の妙見菩薩を指し、国土を守護し延命や除災、眼病平癒を行うとされる。

謙信が常に帯刀していたとされ「謙信景光」の号がある。銘には「備州長船住景光　元亨三年三月日」と刻まれる。平造で内反りの形は鎌倉期に流行した姿で、「片落互の目」と呼ばれる刃文は景光創始といわれる。また、景光は地鉄の美しさも定評がある。

■埼玉県立歴史と民俗の博物館所蔵

説明をしたという。

川中島の戦いと小豆長光

川中島の戦いの名場面といえば、第四次の八幡原の戦いにおける謙信が単身で武田軍本陣に突撃する場面だろう。愛馬・放生月毛《ほうしょうつきげ》にまたがった謙信が三太刀七太刀と信玄に切りつけ、信玄がこれに軍配で応じるというものだ。江戸期以来語り継がれた人気の一騎打ちである。この時謙信が使った刀が備前長船長光の作である「小豆長光」とされる。小豆長光という奇妙な号の逸話は次のようなものだ。

ある日上杉家の家臣が、鞘が割れて刃が露出した貧相な太刀を腰に差した男を見かけた。男は小豆の入った袋をかついでいたが、袋に穴があいているようでポロポロ小豆が地面にこぼれてゆく。家臣が何気なく見ていると、なんと小豆が鞘からむきだしになった刃に当たり、その瞬間まっぷたつになってゆくではないか。驚いた家臣はさっそく男から太刀を買い受け、主君の謙信に献上したという。

この小豆長光は刀身も押型もまったく現存しておらず、その由来も物語じみている。川中島にて謙信が信玄に単騎で斬りかかったという話も幕末の思想家である頼山陽の創作であるとの見方が強い。しかし上杉家には備前長船長光の銘を持つ刀が現在でも複数伝えられており、謙信が長光作の刀を愛用していたことは間違いないだろう。

竹俣兼光贋作騒動

謙信は毘沙門天に深く帰依して生涯不犯を貫いたため、彼に実子は存在しないという。後を継いだのは、謙信の姉である仙桃院の子、つまり甥にあたる景勝である。

景勝はあるとき、竹俣兼光という太刀の外装を新しく作らせることにした。これは上杉二十五将に数えられる猛将、竹俣三河守朝綱が主君に献上した刀である。朝綱はこの刀で鉄砲ごと敵を斬ったという。世に名の聞こえた名刀だった。景勝が京都の刀工に竹俣兼光を預けたところ、刀は見事に補修されて戻ってきた。

景勝は「さすがは京の水で研いだだけある。まるで新刀のようだ」と喜び、家臣一同も同調する。しかし元の持ち主であった竹俣三河守は「これはニセ物に違いない」と景勝に進言する。驚いた景勝が理由を問うたところ三河守は「元の刀にはハバキから一寸五分ほどの鎬に、馬の毛を通すほどの孔がありました。しかし戻ってきた刀にはそれがありません」と断言したという。具体的な証拠を突きつけられた景勝はさっそく京に使いを出して本物の兼光の行方を探らせた。

業者の間に「兼光の作で、二尺八寸から三尺の売り物があればただちに持って参れ」と触れ回ったところ、はたして本物は見つかり贋作作りに関わった刀商は厳罰を受けた。

そんなことがあって景勝はますます大事に兼光を秘蔵するようになったのだが、この事件は刀好きの秀吉の知るところとなり、兼光は召し上げられた。のちに大坂城の乱にて豊臣家を打ち破った家康も、噂に名高い兼光を懸賞金付で探させたが行方は知れなかったという。

上杉家第一の名刀・山鳥毛一文字

謙信の養子、上杉景勝もまた愛刀家であった。鑑刀眼に長けており、蒐集物の中で特に優れたものを「上杉景勝御手選三十五腰」と定めたという。この中には「鉄砲兼光」「波泳兼光」「典厩割り」など伝説を持つ宝刀が数多くあり、現代にも国宝や重要文化財が多数伝わっている。その中でも随一とされたのが山鳥毛一文字という名刀である。

山鳥毛一文字は、無銘ではあるが鎌倉時代中期の福岡一文字派の作と推定される。刃紋が華やかに乱れて美しく、「山鳥毛」の号は刃紋の美しさを山鳥の羽毛に喩えたものといわれる。鞘は黒漆塗の落ち着いたいでたちであり、華やかな刃紋とは対照的である。一文字派の作品の中では「日光一文字」「道誉一文字」と並んで最高傑作であるとの声が高い。

上杉家の台帳には、謙信が一五五六年に上州へ出征した際に武田家に追われた上州白井城の長尾憲景が謙信を頼り、山鳥毛の刀を献じたとある。また謙信が上杉の名と関東管領家を受け継いだ際に贈られたものだという説もある。

この家の記録では山鳥毛を「山とりげ」と読んだとされるが、景勝が御手選三十五腰を定めた時の書付けには「山てうもう」と音読してある。これらは判然としないが、七百振りあったとされる上杉家の蔵刀の中でも随一の名刀であった。

織田信長とへし切《きり》長《は》谷《せ》部《べ》、他

若き覇王のコレクション

■織田信長（おだのぶなが）
戦国時代から安土桃山時代の武将。桶狭間の合戦で今川義元を討って尾張一国を統一。のち、京都に上って比叡山を焼き、将軍足利義昭を追放。武田勝頼を長篠で破り、安土に築城。中国出陣の途中、京都本能寺で明智光秀の謀反にあって自害。

戦国時代、多数の武将が天下取りを目指して全国各地で名乗りを上げた。そのなかでもっとも早く天下に一番近いところまで上り詰めたのは、駿河国守護職・今川義元である。それを打ち破り華々しく世に出てきた武将が、尾張国の織田信長である。

織田信長は天文三年尾張国に生まれ、永禄三年桶狭間の戦いで義元に快勝した。二万とも四万ともいわれる今川勢の大軍に対し、織田方の軍勢はわずか数千。下克上の乱世を象徴するようなこの戦いの勝利で、一大名に過ぎなかった信長の武名は一気に世にとどろいた。信長は次いで斎藤氏の治める美濃を攻略し、天下布武の印判をもちいて天下統一の意思を示した。

信長は当時の戦国大名の多くがそうであったように、文化人としての側面も持ち合わせていた。愛刀家としても名高く、多くの名刀を所有していた。特に華やかな焼刃の作を好んだようである。そのうちの何振り

名刀ギャラリー
Meitou-Gallery
26

へし切長谷部

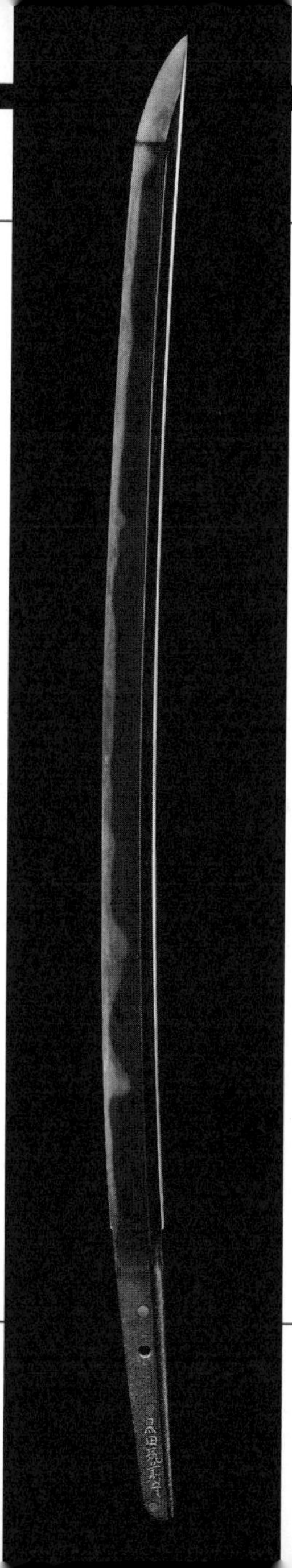

元は無銘だが「黒田筑前守」「長谷部国重本阿」と金象嵌が施されている。身幅の広い大鋒で重ねは薄い。反りは非常に浅くなっている。上下で差のある刃文も味わい深い。茎を切詰める「大磨上げ」が施されており、元は三尺近い大太刀であったとされる。

■福岡市博物館所蔵

かを紹介しよう。

信長の気性を伝えるへし切長谷部

へし切長谷部の作刀者は、相州正宗の門下で正宗十哲のひとりに数えられた名工・長谷部国重である。

活躍したのは南北朝時代。延文年間頃に活躍した国重の作品のほとんどは一尺前後の短刀であった。後にへし切長谷部の異名で呼ばれるようになった信長愛蔵のこの刀は国重の鍛えた数少ない太刀の一振りで、現在は国宝に指定されている。

「享保名物牒」という書物によると、この刀がその異名で呼ばれるようになったのは次のような逸話によるものであるらしい。

ある時、信長に仕える茶坊主の観内という者が無礼を働いて信長の逆鱗に触れた。信長は即手討にしようと刀を取り上げたが、観内は城内を逃げ回り、最後に台所にある御膳を納める棚の下に逃げ込んだ。信長はこれを棚の上から刀で押さえつけるようにして斬って成敗したのだという。これが「へし切（押し切）」と呼ばれるようになったゆえんである。

癇性な信長の性格をよく語るエピソードである。

その後、へし切長谷部は黒田筑前守が拝領した。これは黒田孝高、もしくは黒田如水をさすと言われている。

黒田家は早い段階で信長の力を評価し、主君である小寺政職に信長を支持するように進言した。また黒田孝高はキリシタン大名であったので、キリスト教に理解をしめす信長に好意をもったのかもしれない。現在へし切長谷部は福岡市博物館に所蔵されている。

忠義の小姓に与えた不動行光

信長の愛蔵した「不動行光」という短刀にも有名な逸話がある。

信長の小姓・森蘭丸は、信長のそばを片時も離れず厠にまでもついていった。信長は用を足すのが長かったといわれ、蘭丸は待つ間に預かっていた信長の腰刀である不動行光の黒塗の刻み鞘の目の数を数えていたという。それに気づいていた信長は、ある時戯れに自分の小姓たちを集めて、「不動行光の鞘の刻み目の数を当ててみよ。当てられたものには褒美にこの刀をやろう」と言った。小姓たちは口々に思う数を言ったがなかなか当たらない。ところが当の蘭丸だけが数を言おうとしないので、信長は不思議に思い「何故お前は言わないのか」と問うた。すると蘭丸は、自分が刻み目の数を数えて知っていることと、それ故に答えるのは不公平なので黙っていたことを告げた。信長はその正直さに感心し、蘭丸に不動行光を与えたのだという。

　蘭丸はその生涯の間、拝領した不動行光を手放さず、主君の信長が本能寺の変にて非業の死を遂げるまでつき従った。こうして不動行光は蘭丸とともに本能寺で焼けてしまった。しかしその後焼きなおされ、小笠原家に伝来したといわれている。

　不動行光の作刀者は鎌倉時代に活躍した相州伝の鍛冶、名工藤三郎行光と伝えられ、指表の櫃のなかに不動明王、矜羯羅童子《こんがらどうじ》、制多迦童子を浮き彫りで刻んだところから「不動行光」と命名されたといわれている。信長はこのほかにもう一振り不動の名を冠する刀「不動國行」を所持していたが、こちらも天下の名刀と言われている。名前が似ていることと、こちらも小太刀であること、またどちらも火災にあったことなどから逸話が混同されやすい。

今川氏を倒した記念的な太刀、宗三佐文字

信長が桶狭間の戦いで今川義元から分捕った「宗三佐文字」という太刀も現在まで伝わっている。分捕った信長はこれを磨り上げて茎に金象嵌で「永禄三年五月十九日義元討捕刻彼所持刀」裏に「織田尾張守信長」と記録させた。

宗三左文字は鎌倉時代末期の筑前国の鍛冶、名工「左」の作刀である。それを摂津国榎並城主・三好宗三が所持していたため、「宗三左文字」と呼ばれていた。それから甲斐の武田信虎に贈られたのち、信虎の娘・定恵院が嫁入りするときに今川義元に贈られた。そのため「義元左文字」と称されることもある。

信長が本能寺で没した後にこの刀は秀吉の手に渡り、さらに秀吉の子・秀頼から家康へと献上された。以後は徳川家の所蔵となったが天明の大火災で焼けてしまった。だが常に天下の流れに寄り添ってきたような由来から惜しいということで再刃されて、信長を祀る建勲神社に奉納された。現在も歴史的重要資料として重要文化財に指定されている。

豊臣秀吉と一期一振《いちごひとふり》

蒐集家としての秀吉

■豊臣秀吉（とよとみひでよし）戦国時代の武将。尾張の足軽木下弥右衛門の子。織田信長に足軽として仕え、浅井・朝倉両氏との戦いで功をたて、近江長浜城主となる。本能寺の変後、明智光秀、柴田勝家を破り大坂城を築城。徳川家康を臣従させて全国を統一した。

豊臣秀吉は尾張国愛知郡中村の農民の子として生まれたという。信長の小者として仕え、普請や台所などの管理監督の手腕に長けていたのを見出されて出世を重ね、最後には関白太政大臣にまで上り詰めた、下克上の戦国時代を象徴するような人物である。

その出生のせいもあってか、秀吉はあらゆるものに対して貪欲で、名刀の蒐集にも並々ならぬ意欲で取り組み、数々の名のある刀を召し上げて一手に集めて愛蔵していた。

秀吉自身は若年から何度も戦場に出てはいたものの、とりたてて剣技に優れていたわけではなく、どちらかといえば頭脳と政治能力で成り上がった人物である。しかし天下統一の望みを果たした後も、戦の道具である名刀蒐集への意欲はますます旺盛になったと見られる。秀吉にとって数々の名将の手を経て伝来してきた名刀は、自らの権力を象徴し世に誇示する道具であったのかもしれない。

名刀ギャラリー
Meitou-Gallery
27

一期一振

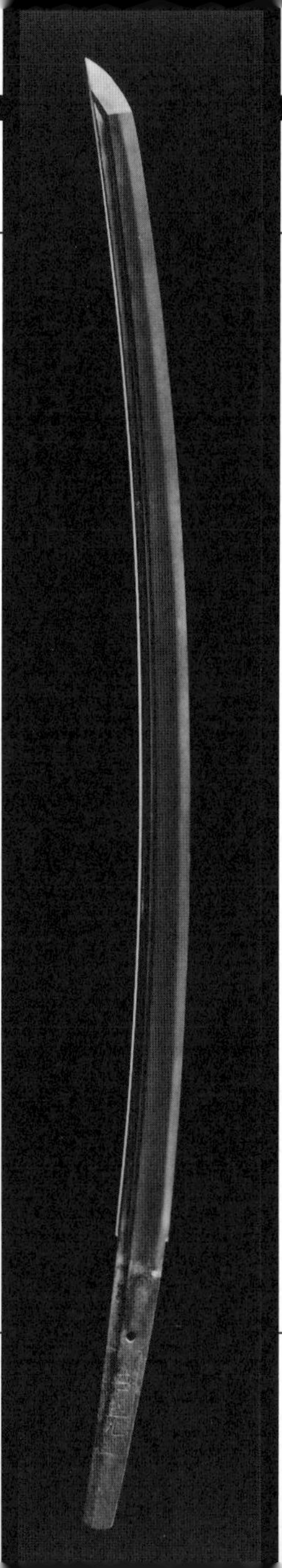

大磨上げの際に、銘を短冊形に切り取り、磨上げた後に茎へはめ込む「額銘」。

銘は額銘で「吉光」。元は二尺八寸の豪刀であったものを二尺二寸にまで磨り上げてある。身幅が広く猪首鋒の勇ましい姿で、直刃の刃文も鋒へ向かうほど広くなり、見た目に一層の迫力を与えている。越前康継によって再刃された。

■宮内庁所蔵

秀吉の刀鑑定を任せられた本阿弥光徳の残した押形集には、名物として名高い数々の刀が列挙されている。その殆どが大阪城落城の折に焼けてしまったが、家康は光徳に命じて焼身と化した名刀の数々を集めさせ、再刃させた。徳川家に伝来したこの刀群の一部は現代にまで伝わり、あるものは御物、あるものは国宝や文化財に指定されている。

吉光の最高傑作、一期一振

古今の名刀を集めた秀吉が、そのうちでも特に愛用したのが「一期一振」の異名を持つ太刀であった。

作者は鎌倉時代の刀工の山城国の粟田口藤四郎吉光。秀吉が相州正宗、郷義弘と並んで天下三名工に選んだ一人である。

吉光が手がけたのはほとんどが短刀である。秀吉の蔵刀はほんのわずかに吉光が手がけた貴重な太刀のうちの一振りであり、更にその中でも最高峰の出来であったことから「一期一振」の異名がついたという。

秀吉はこの刀を既に実権を失っていた足利十五代将軍義昭から授かった。その時でさえ刃渡りは太刀としても短いほうであったが、秀吉は小柄な自分の身体に合わせて短く磨り上げさせて佩刀した。現在は宮内庁に保管されている。

秀吉の吉光コレクション

秀吉の吉光びいきは一期一振だけではない。他にも数振りの吉光を所蔵していた。その中でも特色のある刀を紹介しよう。

まず、短刀では「厚藤四郎《あつしとうしろう》」が挙げられる。これは吉光の短刀の中でも特に重ねが厚く、元重ねは一センチを超える。鎧通しといわれる珍しい造込で、それが異名の由来になっている。文字通り鎧も通す戦場の武器である。

吉光の作は室町時代から名高く、厚藤四郎も数多くの名将の手を伝来している。室町将軍家から本阿弥光徳の手に入り、その後一柳伊豆守、黒田如水、秀吉、毛利輝元を経て、後に徳永家綱に献上された。昭和に入ってからは国が買い上げ、現在は国宝に指定されている。

また「骨喰藤四郎《ほねばみとうしろう》」という変わった名前の物がある。この太刀は元は薙刀だった。薙刀を元に太刀に作り変えた物は「薙刀直し」と呼ばれる。

薙刀は打刀や太刀に比べると刃渡りが比較的短い為、茎を切り詰めて脇差や短刀に仕立てたものが多い。ちなみに骨喰という恐ろしげな名前は、実際に斬らずとも、斬るふりをされただけで骨身に染みるほどの斬れ味をもっていることからきている。

骨喰は大友氏が足利尊氏に贈ったものである。以来、足利氏に重宝として伝えられてきた。しかし十三代将軍・足利義輝が松永久秀に暗殺され、骨喰も久秀の手に渡っている。大友氏は久秀に骨喰を返すように要求し、ついには金三〇〇〇両相当の謝礼を払うことでこれを買い戻したという。その後、大友氏は骨喰を秀吉に献上することになった。

もうひとつ「薬研藤四郎」にも面白いエピソードがある。

かつての持ち主、畠山政長はこの刀で切腹しようとしたが、どういう訳か腹に刀が刺さらなかった。怒った政長が刀を投げつけると、頑丈な薬研に突き立ったという。切れ味はすさまじいが主君は傷つけぬ名刀として、この刀は薬研藤四郎と呼ばれたという。

秀吉はこの他にも「包丁藤四郎」「鯰尾藤四郎」などの吉光作の名刀を愛蔵していた。

そのほかの蔵刀

吉光以外では、正宗の門人と伝えられる名工「左」による「太閤左文字」、山城物では「鷹の巣宗近」「鳥飼国次」「いかり切久国」などがある。備前物では「正垣」「友成」「三忠」「守家」「荒波一文字」「青屋長光」があったといい、相州物としては正宗を好んでいた。本書におさめられている「不動國行」「鬼丸国綱」も秀吉のコレクションの一部である。

家康との対話

こうした秀吉のコレクション熱は人並み外れていた。これには『常山紀談』という江戸時代の書物に一つの逸話が残っている。秀吉が家康に「天下の名刀はことごとく我が倉にある。家康公の名刀は何か」と聞くと、家康は「私のところには名刀と呼べるような刀はございません。ただ、私の命令で身を捨ててくれる忠義の家臣が五〇〇もいるだけです。私にとってはこれが何にも代えがたい宝です」というような答えを返した。さしもの秀吉もこれには赤面したという。

徳川家康とソハヤノツルキ

神君家康の刀たち

徳川家康は、一世紀に渡る戦国時代に終止符を打ち、二六四年間続く徳川幕府体制を成立させた人物である。没後は三代将軍家光により神格化され、東照大権現として祀られている。

家康もまた多くの武将たちと同じように刀剣を蒐集していた。その名刀の数々は幕府の守護刀となり、あるものは東照宮に納められ、あるものは歴代将軍の元で秘蔵された。またその一部は徳川美術館で見ることができる。

謎の剣ソハヤノツルキ

家康の所蔵する刀になんとも不思議な名のものがあった。それがソハヤノツルキである。作者は筑後国三池光世と言われており、駿州の御家当主・源左衛門貞友が献上したという。

茎の佩表には「妙純傳持《みょうじゅんでんじ》ソハヤノツルキ」とあり、裏に「ウツスナリ」

■徳川家康（とくがわいえやす）
戦国時代の武将、江戸幕府初代の将軍。秀吉没後に天下を手中におさめ、関ヶ原の戦いで天下を手中におさめ、慶長八年に征夷大将軍となる。

名刀ギャラリー
Meitou-Gallery
28

ソハヤノツルキウツスナリ

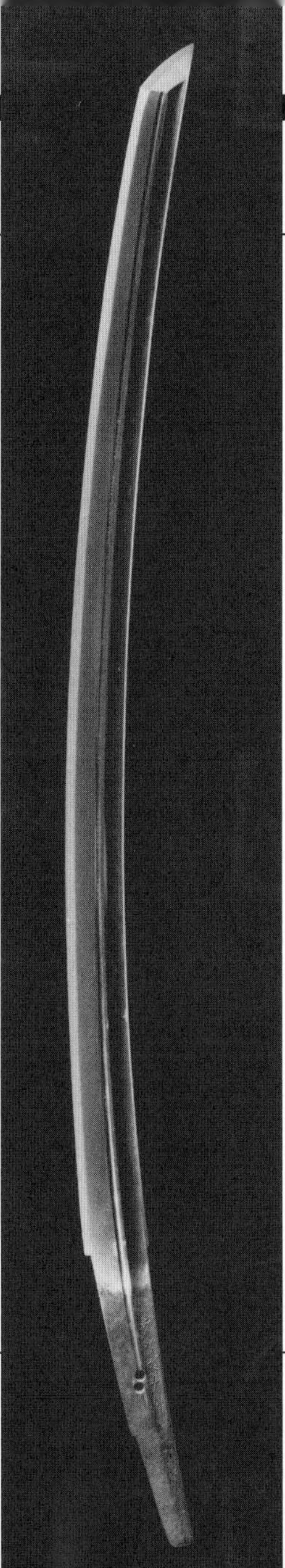

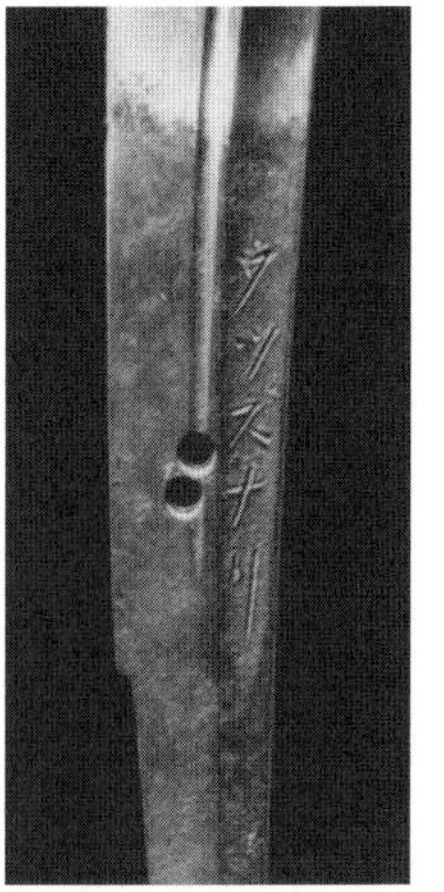

茎に彫られた「ウツスナリ」の文字。「掻通し樋」といって樋が茎まで彫られている。

銘には「妙純傳持ソハヤノツルキ」「ウツスナリ」とある。作者三池光世の作とされ、大典太とともに光世の代表作となっている。身幅の広い猪首鋒の力強い刀身は光世の作風である。家康の死後、現在も久能山東照宮に納められている。

■久能山東照宮博物館所蔵

とある。そのまま読めば、かつて妙純という者が持っていたソハヤの剣の写しであるという風にとれる。ではソハヤの剣とはなんだったのか？

妙純とは誰だったのか？　というと、それがよく分からない。一説には美濃国守護土岐家執権、斎藤越前守利国の法名が妙純だったことから、その持ち物だったのではないかと言われている。またソハヤとは、熱田神宮にあるソハエの剣ではないかともいう。

ちなみに古語では「そばえ」は「戯え」とも書き、ヤ行にも活用するのでこの語を指すのかもしれないが、これであると「たわむれる」「じゃれつく」あるいは「天気雨」、「通り雨」という意味になる。

ソハヤノツルキは家康の遺言により、西国に鋒を向けて置くように指示された。これは、大阪の秀頼方武将の残党に対しての調伏の意だと考えられている。

その後、ソハヤノツルキは久能山東照宮に霊剣として奉納された。家康は「久能山は駿府の本丸」というほどこの地を重要視しており、自身の埋葬の地としてもここを選んでいる。東照宮は日光が有名だがこれは分御霊であり、本社はこちらなのである。そこに祀られ第一の神宝といわれているソハヤノツルキは、家康にとって重要な意味を持つ剣だったことを示している。

日光助眞と加藤家の悲劇

日光東照宮には家康の残した複数の名刀が納められている。そのうちの一振りが「日光助眞」である。この太刀の刀装は家康が自分の好みに合わせて作らせたもので「助眞拵」と呼ばれている。黒漆塗りの天正拵の代表作である。

作者は備前国の刀工一文字助眞。当時の執権北条時頼の招聘で相州鎌倉に下向したという。そのため作風は相州風でなく備前風の作が多い。助眞の一門は鎌倉一文字と呼ばれた。

日光助眞は加藤清正から家康へ献上された。清正の長女は家康の十男・頼宣に輿入れしており、その婚礼の祝い品として贈られたと伝えられている。清正はこれで加藤家も安泰だと信じまもなく死んだが、幕府は後に加藤家二代忠広を改易、配流したため加藤家は断絶した。助眞は贈り損になってしまった。

不動正宗と九鬼正宗

家康は正宗も持っていた。現存する正宗の数少ない在銘の作のうちの一振り、不動正宗という短刀である。刀剣史研究の上でも貴重な史料価値を持つ刀である。

この刀は、刀身に不動明王の彫りがあることから不動正宗と称された。この彫物は正宗の手によるものではなく、後に本阿弥光二が医師、野間玄琢の祖父に彫らせたと伝えられている。

「刀剣名物牒」によると、豊臣秀次から家康が拝領し、前田利家、再び家康、その子秀忠の手を経て尾張徳川家へ伝来し、現在に至る。重要文化財に指定され徳川美術館に現存している。

また九鬼正宗という短刀もある。こちらは多くの正宗の作と同じ無銘である。名前は志摩国鳥羽城主九鬼嘉隆の子、長門守守隆が所持していたことにちなむ。この守隆から家康に献上された後、紀州徳川家、徳川頼宣を経て、伊予西条の松平家の所蔵となった。現在は林原美術館蔵。国宝である。

自害できない刀、藤四郎吉光

藤四郎吉光は秀吉に寵愛された刀工であるが、家康も吉光の作の短刀を持っていた。それには不思議な逸話がまつわる。

元亀三年、上洛しようとする武田信玄率いる大軍を阻止するために出兵した家康は、自領、三方原の戦いで大敗を喫し、追い詰められた。

あせった家康は浜松城に立てこもり、使者を立てて信長の援軍を待つことにした。しかし信長もまた敵に包囲網を敷かれて簡単に援軍を送ることが出来ず、ようやく派遣された援軍の数も少なく、信玄の兵の数に遠く及ばなかった。この時家康の命を結果的に救ったのが吉光の刀であった。あまりの大敗に家康はやけくそになり、城を開放し、吉光で自害を試みようとした。だが何故かどうしても命を断つことが出来なかった。すると信玄の兵は引き上げてしまった。城が開放されているのを、信玄は家康の仕掛けた罠だと思ったためである。この「藤四郎吉光は自決しようと思っても出来ない刀である」という逸話は畠山政長の「薬研藤四郎」の逸話と共通している。

柳生連也斎の刀

江戸柳生と尾張柳生

■柳生連也斎（やぎゅうれんやさい）江戸時代前期の剣術家。幼少より剣術の才能に恵まれ、その才能が評価されて柳生新陰流を継承し、名古屋藩主徳川光友（みつとも）の兵法師範となる。

江戸時代における将軍家指南役、すなわち天下第一の剣が柳生新陰流、いわゆる江戸柳生である。その歴史は陰流の愛洲移香斎からはじまり、剣聖と謳われた上泉伊勢守が創始した新陰流、それを受け継いだ柳生石舟斎の系譜から連なる。

しかしこれは実は傍流であった。江戸柳生を興したのは石舟斎の五男、宗矩である。だが一国一人の新陰流正統三世の印可は長男の柳生兵庫助利厳に与えられた。利厳は後に尾張徳川家に仕え剣術指南役となったことから、この道統を尾張柳生と呼ぶようになった。

その尾張柳生の中でも傑出した使い手と言われ、新陰流を完成に導いた中興の祖と言われているのが利厳の三男柳生厳包連也斎である。ちなみに「連也斎」という表記は五味康祐氏の小説の影響による通説であり「連也」が正しいとも言われている。だが本稿では慣例に従い馴染みのある「連也斎」の名で表記する。

歴史散策・名刀縁の地
Ground on history stroll

一刀石

■場所：天岩立神社

写真は一刀石といい、柳生新陰流の始祖である柳生宗厳（石舟斎）が剣の修行中に現れた天狗と対決しこれを倒したが、翌日その場所を見ると真っ二つの岩が残るだけだった。という伝説をもつ岩である。連也斎は宗厳から数えて四代目にあたる。

鬼の包丁

天才的な剣士として知られる連也斎は自分の使う刀にもこだわりを見せた。ことに殿中などでも肌身離さず持ち歩く脇差には気を遣ったという。連也斎はお抱えの刀工である秦光世に六度も脇差の打ち直しを命じた。そして七度目に首を縦に振ったという伝承が残っている。

それからしばらくしたある晩、連也斎は屋内に侵入した数人の賊をこの脇差で成敗した。脇差は連也斎の手と一体になったかのような働きを見せ、その切れ味は地獄で罪人を切り刻む鬼の包丁のようだったという。それからこの脇差には「鬼の包丁」の号がつけられた。

新陰流では、岩が転がって落ちていくように相手に応じて変化、対応することを転《まろばし》と呼び重視している。

小太刀の技は小転《こまろばし》の部類に属する。これは相手に合わせて後の先をとることで、得物の長短の不利を失くした合理的な技だという。きっと鬼の包丁も転がるようになめらかに変化して敵を撫で斬りにしたのだろう。

連也斎独自の創案

また連也斎は拵えにも独特の工夫をしている。

実用本位でありながらも一本竹、波涛図などの美しい意匠に凝った柳生鍔や、裏表逆の目釘、大きめの柄頭、真中を絞った鼓型の柄などが連也斎の創案とされる。また自身の身長に合わせて全体的に長さを短めに作ったものが多かった。

連也斎はこうした拵を自身の佩刀「籠釣瓶」「笹露」などに施した。これらは「柳生拵」と呼ばれ、多くの写し物が作られたという。

ちなみに「籠釣瓶」「笹露」はいずれも切れ味に関する形容詞からとった名で、古来からよく刀剣につけられた名前である。

「籠釣瓶」は籠の釣瓶で井戸水を汲んでも水が貯まらないことから水もたまらぬ切れ味を指す。村正にも同様の名を冠したものがある。

また笹についた露もすぐに弾いて水が切れることから、よく切れる刀の代名詞となった。こうした感覚は現代人にはいまひとつ分かりにくいが、当時の人々にはぴったりくる名前だったのだろう。

土方歳三と和泉守兼定《いずみのかみかねさだ》

新撰組副長の刀

■土方歳三（ひじかたとしぞう）
新撰組副長。のちに箱館五稜郭政権の陸軍奉行並となる。鬼の副長と恐れられ、鳥羽・伏見の戦以後、新撰組の戦闘指揮を執る。宇都宮、会津若松と転戦したのち榎本武揚らと五稜郭に渡る。箱館戦争の雌雄を決する激戦において壮烈な戦死を遂げた。

土方歳三は新撰組の中心人物で「鬼の副長」の異名を持つ。彼は刀剣に関しては並ならぬ執着を持っていたとされる。その理由は、新撰組局長の近藤勇、組長の沖田総司や井上源三郎らが、武士またはそれに準ずる身分として帯刀を許されていたのに対し、土方は豪農の生まれであり浪士組に参加するまで帯刀がはばかられていたからだといわれる。

もともと和泉守兼定は、美濃国の関鍛冶兼定による切れ味鋭い実用本位の刀であり、徳川家康や細川幽斎、森長可ら戦国時代の武将も愛用したという。江戸の文政年間に記された「古今鍛冶備考」によると、和泉守兼定は「最上大業物」として刀剣の最高級にランクづけされている。ただし最上大業物とされたのは二代兼定の作であり、土方が愛用した兼定は分流である会津十一代兼定の作とみるのが通説となっている。

五稜郭の戦いで命を落とした土方の遺刀の兼定は、一説によれば部下の市村鉄之助に託されたとも言われているが、現存が確認されてない。

■新撰組

幕末期に、反幕府勢力を抑えるために結成された集団。初期は京都市中の見回り、治安維持を主な働きとしていたが、後に旧幕軍の一員として戊辰戦争を戦った。

名刀ギャラリー
Meitou-Gallery
29

和泉兼定

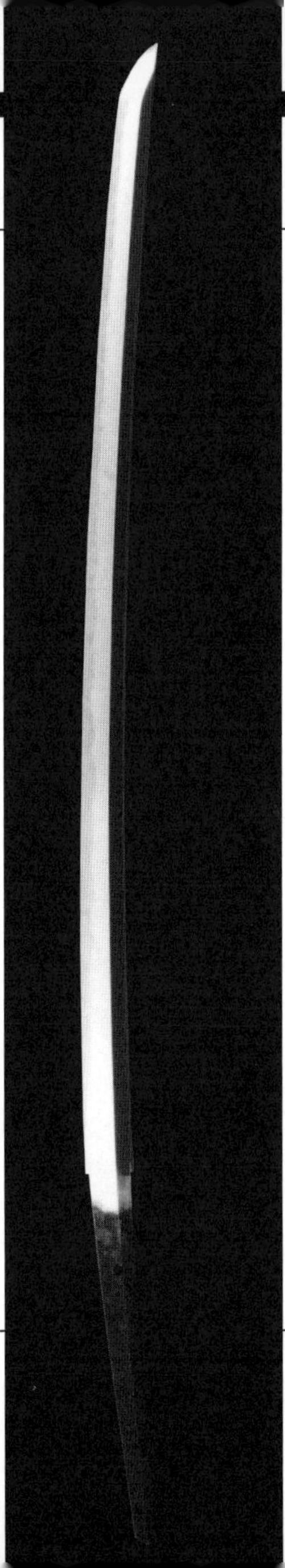

この刀を打った十一代目兼定は会津兼定最後の名工と言われた。会津は武芸の盛んな土地であり、刀剣も質実剛健なものが好まれた。反りが浅く鋒が詰まっているのが特徴であるが、これは江戸時代初期に生まれた寛文新刀を継承しているとされる。

■土方歳三資料館所蔵

近藤勇と虎徹

近藤の虎徹の真贋

■近藤勇（こんどういさみ）
新撰組局長。近藤周助に天然理心流の剣を学び、養子となる。新撰組局長として尊攘運動を取締る。鳥羽・伏見の戦いの後、甲府入城に失敗、下総流山で新政府軍に捕らえられ処刑された。

幕末に京都を警護し、後に幕府軍と共に転戦した新撰組は、天然理心流を中心とした剣客集団だった。その局長、近藤勇といえば「今宵の虎徹は血に飢えている」という名台詞がよく知られている。

虎徹を作刀したのは長曽禰入道虎徹。もとは近江国で甲冑鍛冶を営んでいたが、齢五十を過ぎて刀工へ転身したという遅咲きの刀工である。初期には古鉄、古鐵の銘を切ったものがあるように、古い鉄を使った作刀は粘りに定評があり、山田朝右衛門の「懐宝剣尺」による切れ味の評価も最上大業物に列せられている。

虎徹のブランドに惹かれる者は後をたたず、そのため、生きている内から贋作が出回っていた。流通している真作の数はきわめて少なく、近藤の虎徹も偽物であっただろうと言われている。根拠としては、単純に値段からして近藤の財力で手に入るものではないという理由と、新撰組隊士、斉藤一が「自分が四谷の小道具屋で買った刀を近藤に進上した。

■懐宝剣尺
公儀の御様御用を務めた山田浅右衛門が作成した、刀剣の切れ味をランク付けした本。上から、最上大業物、大業物、良業物、業物と分類される。続編に収録刀剣数を大幅追加した『古今鍛冶備考』がある。

歴史散策・名刀縁の地
Ground on history stroll

試衛館跡

撮影／上田隼人

近藤勇は農家の出でありながら、師の近藤周助から剣術の才能を見込まれて養子となり、のちに天然理心流宗家四代目を襲名した実力者である。池田屋での闘争で彼の刀が無傷であったという逸話も、彼の剣技の冴えがあってこそ生まれたのだろう。

無銘だが虎徹に似ていると気に入っていた」と証言しているからである。あるいは、近藤はこの刀を偽物と知りながらも虎徹と思うことにしていたのかもしれない。

しかし、この偽虎徹はなかなか馬鹿に出来ない。有名な池田屋事件のとき、多くの隊士の刀は曲がり、ガタガタになって鞘に納まらなくなったが、近藤の刀はすっと鞘に入ったという。この後、隊士の刀を修理した研磨師の源竜斎俊永なる人物の覚書によれば「勇先生の池田屋で使った刀は虎徹。出来上々だが偽物なり」とある。

隊士たちの愛刀

近藤以外の有名な隊士の刀を見てみよう。まず副長の土方歳三である。土方の刀といえば、有名なのは「和泉守兼定」である。これは別項でも紹介している。

彼は刀剣に関しては並ならぬ執着を持っていたとされる。その理由としては、局長の近藤勇、組長の沖田総司らが、武士として堂々と帯刀を許されていたのに対し、土方は豪農の生まれであり浪士組に参加するまで帯刀がはばかられていたからだといわれる。

土方は他にも「用恵國包」を佩用していたという。これはやや短めの太刀で、仙台伊達公のお抱え鍛冶の作である。

次に、悲劇の天才剣士として人気が高い沖田総司。沖田の愛刀は「加賀清光」だったという。

初代清光は「乞食清光」とも呼ばれた鍛冶師で名工であったが、お救い小屋といわれる窮民避難所で生活していたと言われている。

沖田は若くして天然理心流塾頭と一番隊組長を務めるほどの剣士で、新撰組最強と言われていた。しかし肺結核に冒され、若くして没した。

沖田と並ぶ強さと言われていたのが前述の斉藤一である。三番隊組長だった斉藤の佩刀は「摂州住池田鬼神丸国重」だと言われている。二代河内守国助に師事した刀工である。

斉藤は維新後も生き残り、藤田五郎の名で警視庁に勤める。このころに警視庁での撃剣（竹刀競技、現在の剣道の前身である）試合にも出ていた記録がある。その後は剣を捨て、博物館の看守や女学校の会計などをして、平和な時代の中で七三歳の生涯を終えている。

幻の刀、試製拳銃付軍刀

明治維新後、廃刀令が出て侍は刀を捨てた。しかし旧士族の多くは軍人や憲兵などの帯刀の許される官職につくことも多く、その精神はいまだ武士のそれに近かった。日本刀も軍刀という形で実用品としての命をつないでいた。

近代的な軍隊になってもなお日本刀を捨て切れなかった日本人は、大真面目にとんでもないものを考え出してしまう。それが大正十年に帝国陸軍技術本部が開発した試製拳銃付軍刀である。

簡単にいうと、拳銃（南部式自動拳銃）の握りをグリップとして、そのまま上方向に日本刀が生えているという奇天烈な刀である。離れては銃として、白兵戦では剣として使えるという、「強いものをくっつければもっと強くなるだろう」的なアイデアだったのだが、どう考えても無理があり、制式採用には至らなかった。しかしなんだかんだで陸軍はこの剣に未練があったようで、開発中止が決まったのは昭和四年だったという。

拳銃付軍刀は試作にとどまり実用化されなかったが、今でも自衛隊では銃剣が制式装備に含まれている。これも先々には拳銃付軍刀同様に「本当にあった冗談のような武器」になるのかもしれない。

第四章

名匠伝

第四章

［名匠伝］

この章では、魅力的な日本刀の数々を生み出した刀工たち、その中でも特に伝説的な名工四人について紹介する。

彼らの多くは武将や歴史的人物と違い、くわしい資料が残っているわけではない。しかし鋼に刻まれた彼らの銘は、数百年、千年たった今もなお残り、その業は私たちの心をゆさぶる。それは紙に書かれた記録よりもはるかに雄弁な、時代を越えたメッセージだろう。

鉄と炎が生んだ日本刀という希有な

武器。それを芸術に、そしてそれ以上の神聖なものにまで高めた名工たち。彼らの作風や代表作、生涯など、読む人がこの章を通して、何かを知りえたなら幸いである。

天国

amakuni

伝説の刀工

天国は古代に活躍したとされる刀匠であり、日本刀の祖として知られる。しかし銘の入った確かな作品が発見されていないために伝説的な存在として語られることが多い、謎に包まれた人物である。

天国は大和国の宇陀で活躍したといわれている。また天国とは一人の名ではなく、当時大和国で刀工を生業としていた集団の総称だともいわれている。

天国の生きた時代

刀剣鑑定の第一人者、本阿弥光悦による押型本に「伊勢家天国之真形也」と記された一振りがある。この一振りは押型（刀の拓）でしか確認できないが、大宝の元号と日付、天国の名が銘として入っている。大宝は七〇一年から七〇四年にかけて使われた元号なので、天国もそのころの人であろうと見られている。

当時の日本では「韓鍛冶部《からかぬちべ》」とよばれる刀工集団が存在していた。八世紀になり、天武天皇により制定された大宝律令により本格的に組織化された彼らは、今でいう公務員のような役割を担っていた。当時の文化は先進国である随や唐の影響を大きく受けており、韓鍛冶部もその名のとおり渡来系の技術集団であったともいわれている。

この大宝律令には、日本刀史において非常に重要な事が明記されていた。「作刀した太刀には必ず刀工の銘を入れること」というものだ。これによって、刀のブランド化や、流派の確立が始まったのである。

天国の刀は在銘日本刀のはしりであった。同時に、その天国の作と呼ばれる刀のいくつかに銘がないことは、この律令以前からすでに作刀していたという見方も出来るだろう。

天国と小烏丸

天国の作で有名なのは、平家の重宝「小烏丸」である。

神器「草薙の剣」や、聖徳太子が佩いていたとされる「七星剣」、百済からの伝来品「七支刀」などは両刃の直剣であるが、小烏丸は先端から半ばまでが両刃で、根元に近い部分が片刃である。こうした造りを、鋒両刃造、また、小烏造という。

こうした古い形の刀は正倉院に何振りか現存しているが、それらはどれも直刀である。小烏丸は反りを持った湾刀であることから、ちょうど古代剣と日本刀の中間的な存在にあたり、天国が最古の刀匠であることの証左であるともいわれる。しかし、こうした刀の形態が発生する時期と大宝年間は時期が合わないため、小烏丸を造ったのは天国一門の何代目かにあたる人物ではないかともいう。

小烏丸由来異説

小烏丸の名前の由来として、八咫烏が桓武天皇に伝えたという説を本書の別項で紹介しているが、これには異説がいくつかある。

一つは、小韓鋤（こからさび、こからし）が転じて小烏になったというもので、大陸由来の剣だったという説である。前述の韓鍛冶部との関連からもありえなくはない。また、源為義が目抜きに烏の意匠をあしらった刀を小烏丸と名づけていたと、『平家物語』にあり、これも由来の一説になっているが、これはおそらく別の太刀であろう。

平家亡き後、小烏丸は三種の神器ともども壇ノ浦に沈んだと思われていたが、伊勢家に伝来されていたことが分かった。その子孫である江戸期の伊勢貞丈は小烏丸について「無銘也。（中略）皆見テ天国ノ作ト云」と記録している。

雨を呼ぶ刀

そのほか、江東区の亀戸天神社には、天国作と言われる宝刀が伝わっている。十八世紀に刊行された「江戸名所図会」の縁起によれば「当社至宝と称するものは、菅神佩《は》かせらるるところの天国《あまくに》の宝剣なり」とある。

この刀は、ひとたび鞘を抜けばたちまち豪雨を呼んだという。現在、この刀は一般公開されていないが、宮司の談話によれば、年に一度宝物庫を整理する際に宝刀を動かすと、やはり雨が降り出したという。

家康の持っていた「ソハヤノツルキウツスナリ」の「ソハヤ」にも通り雨の意があるが、刀は雨乞いの儀式に欠かせないものだったのである。

宗近

munechika

山城伝の祖

三条宗近は平安時代に京三条に居を構えたと伝えられる刀工である。天下五剣に数えられる「三日月宗近」の作者として知られている。

当時、刀はどこでも誰でも作れるものではなく、良質な鉄と良質な炭、そして複雑な製法を知る人間が揃わなければ出来なかった。そのため名工と呼ばれるような刀匠は同じ地域に集中し、その地名を名や銘に入れるようになった。

中でも特にブランドとして名高いのが五箇伝と呼ばれる五つの地方であり、三条宗近はその内の山城伝の開祖と言われている。

稲荷の霊異譚

静御前の薙刀や、源義経が自刃に用いた短刀である「今の剣」も、宗近の作品とされている。根拠はないがそういった伝説が生まれるほどの名工であったということは言えるだろう。伝説といえば宗近には不思議な話が多い。たとえばこんな話がある。

あるとき一乗天皇は夢で霊告をうけ、宗近に国家鎮護の御剣を打てと命じた。勅命である。だが刀を作るには相鎚を打つ者が必要となる。それも天皇の御剣となれば自分と同等の技術を持った者でなければ務まらない。宗近は思案にくれた。

思い悩んだ宗近が氏神の伏見稲荷大明神に参拝していると、美しい童子があらわれた。童子は宗近の悩みを言い当てると、古今の名剣にまつわる話をして宗近を勇気づけた。そして「自分が相槌を勤めるから支度して待て」と言い残すと、雲に乗って飛び去って行った。童子は稲荷の使いだったのである。

宗近が身を清め、注連縄を張って鍛冶をはじめると狐の姿をした童子が現れ相槌を務めた。そのおかげで宗近は見事に勅命をはたすことができたという。これにちなんで宗近は、この刀に「小狐丸」の銘を切ったとされている。

残念ながら現在、小狐丸は行方不明になっているが、この話は謡曲と長唄の題目『小鍛冶』として伝えられている。

狐丸の不思議

宗近にはもうひとつ狐にまつわる話がある。

川中島の合戦において、武田の将に小笠原若狭守長詮という武士がいた。長詮は宗近の作と言われる「狐丸」(これは小狐丸とは別の刀である)を帯びて出陣していた。

やがて長詮の隊は次第に劣勢となり、長詮は辛くも雑兵にまぎれ、落ちのびるしかなかった。この乱戦で狐丸はどこかに紛れてしまった。

戦いが終わると戦場に散らばる遺体や武具は在郷の者たちの手で塚に埋められて供養された。すると不思議なことに、そのうちの一つだけに夜ごと狐が集まった。訝しんだ土地の者が塚を掘ってみるとそこから狐丸が現れたという。

宗近の作風

宗近の銘の入った刀は現在、徳川家から伝わった三日月宗近のみである。その名は刀身に三日月の刃文が浮かんでいることに由来する。

形状は先端の身幅が狭く、根元が太い。その比率は一対二に近いという。こうした刀をさして「踏ん張りが強い」と表現する。平安時代の刀には総じてこうした傾向がある。

現代的な視点では物打ちと呼ばれる切っ先三寸の部分が重いほうが使い勝手がよさそうに感じる。それは遠心力や手首のスナップを使った現代剣道的な使い方を想定しているからである。そのため宗近の形状は実用的ではないと述べる説もある。

だが鎧武者を相手にした場合の剣術は、裏籠手、脇の下、太もも、指、金的などを狙うのが定法であるため、大きく振りかぶって打ち付けるような使い方はしなかった。兜や鎧を上から斬りつければ、どんな名刀でも曲がりや腰の伸びが生じたり、折れてしまうからである。

斬り上げや刺突が中心になる鎧武者同士の戦いでは、先端が重い刀は自分が振り回されて不利となる。また長時間持ち続けた場合の疲労を考えれば、重心を根元に置いた宗近には利があっただろう。とはいえ、宗近の刀は資産としての価値が高すぎたので、これを実際に使おうと思う人間はほとんどいなかっただろう。

正宗

masamune

短刀作りの名手

国際的に名刀の代名詞ともいえる刀匠、それが正宗である。五箇伝のうち相州伝に属し、相州伝を実質的に完成させた人物とも言われている。その経歴には謎が多いが、生きていた時代は鎌倉末期くらいであろうこと、五郎入道正宗、岡崎正宗、岡崎五郎入道などの名で呼ばれていたことが分かっている。

銘の入った大刀が少なく、ほとんどが短刀である。そのため短刀作りの名手とも言われている。その華麗な作風は全国に影響をあたえた。中でも日向延岡藩の内藤家、武州忍藩の松平家、尾張徳川家の三家に伝わる「包丁正宗」は、包丁そっくりと言われる外見が非常にユニークで有名だ。短く詰まった元広の刀身に密教をモチーフにした意匠や梵字を彫り込んだ芸術品である。

正宗は存命中はそこまで高い評価を受けていたわけではないが、豊臣秀吉が非常に正宗を高く評価したため、こぞって諸大名が正宗を求めるようになり一大ブームをおこした。しかしそのために正宗の絶対数が不足し、あちこちで贋作が濫造された。こうした背景から明治時代には「正宗は実在しなかった」という正宗抹殺論がとなえられた。

正宗抹殺論

事の発端は、明治二九年に、鑑識家で宮内省御剣掛を務めていた今村長賀が読売新聞で発表した談話記事だった。

それは在銘の正宗に真作がないこと、豊臣時代以前に正宗が評価されていた形跡がないことなどから、正宗は実在しなかった、もしくは凡工だったとする大胆な説であった。正宗とは、武将に与える恩賞に困った秀吉が刀剣鑑定の大家・本阿弥光悦などと示し合わせて作り上げた虚構のブランドだったのではないかというのだ。これは刀剣に関わる世界で大きな波紋を呼び、論争を巻き起こした。

現在では南北朝から室町にかけての年代の文献や『新札往来』といった書物の中に正宗の名があることから、正宗という刀工が実在したことは確認されている。

伝説に彩られた生涯

いまだに分からない部分の多い正宗であるが、残っている伝説の数は膨大である。そのうちのいくつかを紹介しよう。

八木節の『五郎正宗孝子伝』では、正宗は刀匠の子であったが父が京都に修行にいっている間に火難にあって家を失ったという。

正宗とその母は父を訪ねて東海道を旅したが、箱根の山で路銀を盗られ、母も病気で死んでしまった。一人になった正宗は桶屋の親爺に拾われたが、やがて自身も刀鍛冶となって父を捜すことにした。唯一の手掛かりは父の残した刀である。

ここまでを聞いた正宗の鍛冶の師匠行光がその刀を見てみると、それはなんと自分が鍛えたものだった。二人は思いがけない親子の対面に感涙したという。この話にはまだ続きがある。行光は京都で結婚していた。その女は、突然あらわれた行光の息子正宗が財産を受け継ぐのが許せず、なにかと正宗をいびった。しかし正宗はそんな女でも義母であるとして、義母が病気になった時、寒中水垢離をして快癒祈願したという。また別の話では、義母が斬られそうになったとき、飛び込んで代わりに自分が背中を斬られたとも言われている。民間では正宗は努力と親孝行の人として伝えられているようだ。

さらにこんな逸話がある。正宗には正宗十哲と呼ばれる十人の弟子がいた。そのうちの一人、隠岐の左衛門三郎源慶は小刀作りの名人だった。源慶は小刀で正宗の打った刀の石突を削ってみせ、その切れ味を誇ったという。

それを耳にした正宗は「小刀は削るのが本領なのだから、それくらい出来て当たり前である、刀は斬るのが命である」といい、源慶の小刀を十本束ねると自作の刀でまとめて断ち切ってみせたという。これはいささか大人げない振舞いだが、まあ、名人伝といえるだろう。

こうした伝説にはほとんど信憑性はない。しかし同時代の人でもいまだに悪評が残っている者もいることを考えると、正宗は清廉な人格の人物という評価が多かったようだ。

現存している正宗の真物は国宝として刀が四振り、短刀が五口ある。また重要文化財としても何振りかが真物として鑑定されている。

孫六兼元

magoroku kanemoto

作風と特徴

孫六兼元は「関の孫六」の名で知られる名工。和泉守兼定と共に五箇伝の一つである美濃伝を確立した人物である。

その功績と影響は大きく、現在でも岐阜県関市は刃物の町として知られている。関市には刀匠、鞘師、研ぎ師など刀剣に関わる人々も多く、関鍛冶伝承館では何振りかの兼元の刀を見ることができる。

現在でも関孫六の名跡は続いており、「Seki Magoroku Knife」のブランドは国際的な評価を受けている。ただしこれは名前だけであり、血縁や技術を継承しているわけではないようだ。

兼元は文明（一四六九～一四八六）から永正（一五〇四～一五二〇）の間に活動した。美濃国赤坂の住人だったのが関に移り住んだという。

その作風は杉の木立にも似た刃文が特徴であり、「関の孫六三本杉」と呼ばれた。三代目以降はそれを強調してくっきりと杉型の刃文をつけたが、これみよがしであざといと言われることがある。自然に霞がかった深山の杉のような風格をもつ二代兼元が一番評価されている。現在、刀剣の世界では孫六といえば二代目孫六の兼元を指す。

孫六の真価はなんといってもその切れ味にある。刀の切れ味を吟味する御様御用だった山田浅右衛門の『懐宝剣尺』における評価によれば、兼元は最高級の評価である「最上大業物」に分類されている。

また前田利家の次男の利政が、兼元の刀で人を斬ったところ、相手は二度念仏を唱えてから時間差で血が噴き出して死んだという。あまりに鋭利な切り口だったのだろう。この刀は「二念仏」の名をつけられたという。そのほかにも「地蔵斬り」という異名の孫六も存在したらしい。これも石を斬るほどの切れ味を示す名である。

規格外の荒武者を倒した剣

兼元の最高傑作と言われているのが「青木兼元」と呼ばれる刀である。この刀には「真柄切兼元」という名前もある。この二つの名前には同じ由来がある。

元亀元年（一五七〇）朝倉義景と浅井長政の連合軍一万八〇〇〇と信

長、家康の軍勢三万一〇〇〇が激突した。のちにいう姉川の戦いである。

一万以上の戦力の差はいかんともしがたく、朝倉・浅井軍は敗走する。だがそのしんがりを務め、追撃を阻み続けた勇壮の士がいた。真柄直隆とその一族であった。

真柄一族は大兵、強力で知られる。直隆は身長およそ二メートル、体重二五〇キロ以上にも達するという大男で、五尺三寸の大太刀（通常の倍以上である）を使ったという。またその息子も四尺七寸の太刀をふるったという。

驚くべき働きをする真柄一族に、信長・家康軍の兵たちは近づくそばから倒されたという。だが多勢に無勢はどうしようもなく、最期は匂坂式部の率いる一隊に数で包まれて殺された。

このとき直隆（息子の隆基ともいう）を斬ったのが家康の家臣の青木一重だった。一重も武勇に優れ、のちに秀吉が家臣に望んで黄母衣衆にとりたてたほどの勇将であった。そして一重が直隆のとどめを刺すのに使った刀が兼元だった。このことから青木の名を冠した「青木兼元」と真柄を斬った「真柄切兼元」の二つの名で呼ばれている。

ちなみに真柄直隆の五尺三寸の佩刀「太郎太刀」も現代まで残っており、熱田神宮宝物館に奉納されている。

雪中の惨劇

時代は下り、幕末に目を向けると、有名な桜田門外の変でも関孫六が登場している。

英、米、仏、露、蘭の五ヶ国は、日本に対して一方的な修好通商条約を結ぶように圧力をかけた。天皇の許しを待たずしてそれを締結した大老・井伊直弼は、攘夷派の武士たちに反感を受けたが、直弼を批判した者はことごとく弾圧された。世に言う安政の大獄である。こうしたことがきっかけで、ついには攘夷派の志士らが登城する際の直弼を襲撃した。おりしもその日は雪の日であり、直弼の供の者たちは刀の柄が濡れないように柄袋を被せていたという。これが元で護衛の対応が遅れ、直弼は斬り殺された。

このとき直弼の首をはねたのが、薩摩藩士で示現流の使い手、有村次郎佐衛門だった。その手に握られていたのは孫六兼元だったという。

■井伊家と水戸家

大老襲撃に参加した志士の多くは水戸藩士だった。そのため、直弼の藩であった彦根藩と水戸藩は反目し、何度も小規模な意趣返しをくりかえした。彦根市と水戸市が過去を水に流して親善条約を結んだのは一九七〇年のことで、現在も市長や井伊家当主により弔問交流が行われている。

後鳥羽院

gotobain

承久の乱

武士は天皇と朝廷から征夷大将軍の任を受けることで初めて政権の樹立を認められてきた。しかし朝廷自体は兵馬の権を持たないため、往々にしてその権威は武家社会に利用されるだけにとどまってきた。後年になると「禁中並公家諸法度」など、天皇が将軍を任命したはずだったのが、幕府が天皇家の在り方を定めた規則を発令する本末転倒が起こっている。

そんな歴史の中でも、政治の中心を朝廷に戻そうと尽力した天皇は少なからずいた。だが実際に政権を得るところまでいったのは数少ない例だろう。後鳥羽天皇はそのうちの一人である。

後鳥羽天皇は若くして親政を行い、広大な荘園からの税収で力を蓄えた。後に土御門天皇に譲位するが、その後も上皇として二三年に亘り院政を行っている。これによって、西国を支配する朝廷と、東国を支配する鎌倉幕府、という図式ができた。

両者は微妙な緊張状態を保っていたが、後鳥羽上皇はついに兵を挙げ、幕府を倒そうとした。これが承久の乱である。

上皇は、少数の兵で起っても院宣を下して幕府追討の号令をかければ諸国から応援の兵が来るもの、と考えていた。だが思いのほか幕府に味方する者が多く、またもともと戦闘のプロ集団である幕府との力量差は大きく、上皇は大敗を喫した。これにより朝廷の力はますます奪われ、上皇は武力で政権をとることが不可能であることを思い知る結果となってしまった。

上皇は失脚し隠岐島に流された。その直前に出家していた上皇は、顕徳院、後に後鳥羽院の院号を諡号された。

自ら刀を打った天皇

こうした激しい気性の後鳥羽院が好んだのは刀だった。院は優秀な刀工を諸国から召し出し、御番鍛冶として月替わりで刀を打たせていた。豊後国行平、備前福岡一文字則宗など、いずれも当代一流の刀匠が集っている。これによって多くの名刀が生まれた。

またそれだけではなく自身も鍛冶場に入り剣を鍛えたという。当時の貴人の行いとしては、きわめて異例のことである。

院の鍛刀の師は藤林藤次郎久国である。久国は粟田口派の名工であり、兄の国友も御番鍛冶を務めた。院の打った刀は「菊作」「御所焼」などと呼ばれ、武士への褒賞などとして珍重されたという。

これは単なる趣味ではなく、倒幕のための足がかりでもあり、諸国の武士を味方につけるための運動でもあった。古くより天皇から節刀を受け取った場合、逆賊を討つ勅旨を拝受しなければいけない慣わしがあったが、院の御所焼にもそれに近い意味合いがあったようである。

また院は何度も幕府に対して調伏の修法を行ったとされている。こうした呪術には刀がつきものである。それに自分で打った刀を使うことで、より強い念がこめられると考えたのではないだろうか。刀には不思議な霊力があると考えられていた時代のことである。

後鳥羽院は六十歳で逝去するが、隠岐で過ごした十九年間も鍛冶を行い、この孤島にも御番鍛冶を召したという。ただしこれは伝説であり、武力蜂起や調伏を連想させる作刀を幕府が認めた可能性は薄い。

二つ銘則宗の謎

月替わりで刀を打った御番鍛冶のうち最も人数の多かった一派が一文字派である。則宗、延房、宗吉、助宗、行国、助成、助延と、なんと十二人中、六人が一文字派で占められている。創作などで広まった「菊一文字」の巷説も、これが元であろうとされている。

その中で筆頭といわれるのが、年の初めである一月の月番を任された福岡一文字則宗である。

則宗の打った刀で現在まで残っているものの一振りに「二つ銘則宗」がある。このいわくありげな名前の由来は判然とせず、茎にも銘は「□国則宗」という一つしかない。もしかすると判読できない部分の銘にその名の秘密があったのかもしれない。

「二つ銘則宗」は足利義昭が持っていたが、後に豊臣秀吉がこれを手に入れた。秀吉は名刀蒐集に目がない武将だったが、不思議なことに「二つ銘則宗」に関しては、手に入れて間もなく愛宕神社に奉納し神宝として祭らせている。

刀剣にまつわる言葉

tradition phrase

相槌を打つ【あいづちをうつ】
刀鍛治の作刀法から転じて相手の意向に同調すること。

鉛刀の一割【えんとうのいちわり】
二度とできないというたとえ。鉛の刀でも一度だけは切り割ることができることから。

押取り刀【おっとりがたな】
大急ぎで駆けつけること。刀を腰に差す間がなく手に取ったままの状態から。

折紙付き【おりがみつき】
折紙とは鑑定書のこと。人物を保証できるというたとえ。

快刀乱麻を断つ【かいとうらんまをたつ】
よく切れる刀でもつれた麻を断ち切るということから、難題を明快の処理すること。

刀折れ矢尽きる【かたなおれやつきる】
戦う手段を使い果たすことから、物事に立ち向かう手段が無くなるという意味。

刀の刃を渡るが如し【かたなのやいばをわたるがごとし】
非常に危険な行動。

剃刀に鞘なし【かみそりにさやなし】
ありそうでないもの。剃刀は鋭利な刃物なのに鞘がないことから。

切り結ぶ【きりむすぶ】
「火花を散らす」と同様。刀を打ち合わせて激しく争うことから。

極め付き【きわめつき】
「折紙付き」に同じ。折紙と同じく鑑定書を極書きと呼ぶことから。

金打を打つ【きんちょうをうつ】
かたく約束すること。江戸時代の風習で武士は大小の刀の刃や鐔を打ち合わせて重大な誓約のしるしとした。

剣を弾ず【けんをだんず】
不遇を嘆くこと。

鐺が詰まる【こじりがつまる】
借金の返済ができなくなり困窮すること。鞘の末端が詰まることにたとえての表現。

言葉に鞘がある【ことばにさやがある】
言葉がはっきりせず、打解けないところがあること。

鞘当【さやあて】
ちょっとした事から始まった喧嘩のこと。武士がすれ違いに鞘が当たったのをとがめだてしたことから。鞘とがめ、とも言う。

鞘は無くとも身は光る【さやはなくともみはひかる】
見かけは悪くても中身が優れているたとえ。

地鉄が出る【じがねがでる】
取り繕っていた本性が出てしまうこと。

鎬を削る【しのぎをけずる】
激しく競り合うこと。お互いの刀を合わせて鎬が激しくこすれあうことから。

真打【しんうち】
一番できの良いもの。刀鍛冶は刀を数本打ち、一番良いものを依頼主にわたしたことから。

切羽詰る【せっぱつまる】
身動きがとれなくなること。切羽とは鐔を挟み込む金具。

反りが合わない【そりがあわない】
互いの考えや性格が違うためにうまくやっていけないこと。刀身と鞘の反りが合わないと鞘に収められないことから。

太刀打ち【たちうち】
まともに勝負をすること。

単刀直入【たんとうちょくにゅう】
いきなり本題に入ること。もとは一人で敵陣に斬り込むという表現。

付け焼き刃【つけやきば】
まにあわせ、にわか仕込みのこと。刀身に焼刃の模様だけをつけることにたとえての表現。

鐔際【つばぎわ】
物事の瀬戸際、ボーダーラインのこと。

鐔迫り合い【つばぜりあい】
お互い拮抗したままお互いに押し合うこと。剣術の膠着状態にたとえての表現。

伝家の宝刀【でんかのほうとう】
普段は使わずにいざという時に出すとっておきの手段のこと。

抜打【ぬきうち】
前触れなしに急に行うこと。抜刀と同時に斬りつけることにたとえての表現。

抜き差しならぬ【ぬきさしならぬ】
まったく身動きの取れない状態。刀身がさび付くと鞘の中で押しても引いても動かなくなることから。

刃金を鳴らす【はがねをならす】
武威を誇ること、威勢を振るうこと。

火花を散らす【ひばなをちらす】
激しく戦うこと。刀を打ち合わせたときにたとえての表現。

懐刀【ふところがたな】
秘密兵器。主に人物に対しての表現で用いる。

目の鞘抜ける【めのさやぬける】
敏捷で抜け目がないこと。目の鞘とは「まぶた」のこと。

目貫通り【めぬきどおり】
町で一番大きな通りのこと。目貫は刀装具の中でも目立つ金具であることから。

元の鞘に収まる【もとのさやにおさまる】
仲違いした相手と再びもとの関係に戻ること。刀は他の鞘にはうまく入らないが元の鞘にはすんなりと入ることから。

焼きが回る【やきがまわる】
歳をとるなどして頭の働きや腕前が鈍ること。刀の焼入れで火が回りすぎると逆に切れ味が悪くなることから。

焼き直し【やきなおし】
既成の作品などに手を入れて新しいもののようにすること。

焼きを入れる【やきをいれる】
たるんでいる者にはっぱをかけること。刀の性能を上げるために刀身を焼いたことから。

『三嶋大社宝物館』
静岡県三島市大宮町 2-1-5
TEL 055-975-0566

『岐阜県博物館』
岐阜県関市小屋名 1989
TEL 0575-28-3111

『岐阜城』
岐阜県岐阜市金華山天守閣 18
TEL 058-263-4853

『徳川美術館』
愛知県名古屋市東区徳川町 1017
TEL 052-935-6262

『熱田神宮宝物館』
愛知県名古屋市熱田区神宮 1-1-1
TEL 052-671-0852

■関西地方

『尼信博物館』
兵庫県尼崎市東桜木町 3 番地
TEL 06-6413-1121

『彦根城博物館』
滋賀県彦根市金亀町 1-1
TEL 0749-22-6100

『京都国立博物館』
京都府京都市東山区茶屋町 527
TEL 075-525-2473

『大阪城天守閣』
大阪府大阪市中央区大阪城 1-1
TEL 06-6491-3044

■中国地方

『倉敷刀剣美術館』
岡山県倉敷市茶屋町 173
TEL 086-420-0066

『和鋼美術館』
島根県安来市安来町 1058
TEL 0854-23-2500

『岡山県立博物館』
岡山県岡山市北区後楽園 1-5
TEL 086-272-1149

■四国地方

『大山祇神社』
愛媛県今治市大三島町宮浦 3327
TEL 0897-82-0032

『土佐山内家宝物資料館』
高知県高知市鷹匠町 2-4-26
TEL 088-873-0406

『香川県歴史博物館』
香川県高松市玉藻町 5-5
TEL 087-822-0002

■九州地方

『鹿児島県歴史資料センター黎明館』
鹿児島県鹿児島市城山町 7-2
TEL 099-222-5100

『佐賀県立博物館』
佐賀県佐賀市城内 1-15-23
TEL 0952-24-3947

『祐徳博物館』
佐賀県鹿島市古枝乙 1686
TEL 0954-62-2151

『福岡市博物館』
福岡県福岡市早良区百道浜 3-1-1
TEL 092-845-5011

刀を鑑賞できる全国の博物館リスト

■東北地方

『一関博物館』
岩手県一関市厳美町字沖野々 215
TEL 0191-29-3180

『仙台市博物館』
宮城県仙台市青葉区川内 26
TEL 022-225-3074

『塩釜神社博物館』
宮城県塩釜市旭町一森山 1-1
TEL 022-367-1611

『登米懐古館』
宮城県登米市登米町寺池桜小路 103-9
TEL 0220-52-3578

『八戸市博物館』
青森県八戸市大字根城字東構 35-1
TEL 0178-44-8111

■関東地方

『鹿島神宮宝物館』
茨城県鹿島市大字宮中 2306-1
TEL 0299-82-1209

『水府明徳会 彰考館徳川博物館』
茨城県水戸市見川 1-1215
TEL 029-241-2721

『幕末と明治の博物館』
茨城県東茨城郡大洗町磯浜町 8231-4
TEL 029-267-2276

『日光東照宮宝物館』
栃木県日光市山内 2280
TEL 0288-540-2558

『二荒山神社宝物館』
栃木県日光市中宮祠 2484
TEL 0288-55-0017

『埼玉県歴史と民俗の博物館』
埼玉県さいたま市大宮区高鼻町 4-219
TEL 048-645-8171

『塚本美術館』
千葉県佐倉市裏新町 1-4
TEL 043-486-7097

『東京国立博物館』
東京都台東区上野公園 13-9
TEL 03-3822-1111

『刀剣博物館』
東京都渋谷区代々木 4-25-10
TEL 03-3379-1386

『靖国神社遊就館』
東京都千代田区九段北 3-1-1
TEL 03-3261-8326

『箱根武士の里美術館』
神奈川県足柄下郡箱根町仙石原 817-580
TEL 0460-74-8177

『武田神社宝物殿』
山梨県甲府市古府中町 2611
TEL 055-252-2609

■中部地方

『島田市博物館』
静岡県島田市河原 1-5-50
TEL 0547-37-1000

『久能山東照宮博物館』
静岡県静岡市駿河区根古屋 390
TEL 054-237-2437

マ行

ヤ行

ワ行

■参考文献

『日本刀物語』杉浦良幸（著）里文出版
『決定版 図説日本刀大全』学研
『名刀その由来と伝説』牧秀彦（著）光文社新書
『図解　日本刀事典』歴史群像編集部（監修）学研
『図説　日本刀大全』稲田和彦（監修・文）学研
『図説　日本刀大全Ⅱ』稲田和彦（監修・文）学研
『日本刀おもしろ話』福永酔剣（著）雄山閣
『日本刀よもやま話』福永酔剣（著）雄山閣
その他、多数の書籍、ウェブサイトを参考にさせていただいております。

ナ行

ハ行

サ行

タ行

索引

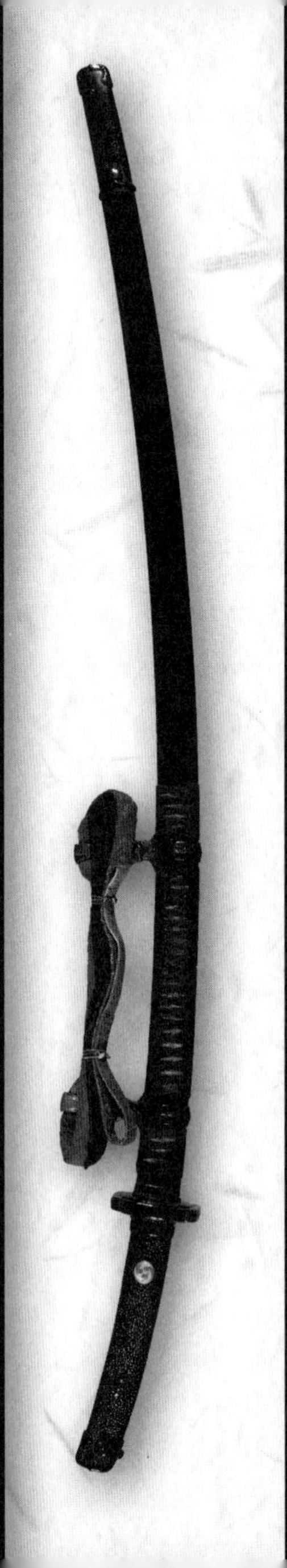

■ PROFILE

佐山史織（さやましおり）執筆
武術家、ライターとして細々と活動中。
PC サイト『ギロッポン』『白桃会』

かえる（かえる）執筆
駆け出しライター。
最近嵌っているのはロシア民話。

佐藤新也（さとうしんや）執筆
「コーラは完全栄養食」という持論を持ち、
現代の栄養学に一石を投じた研究者。
埼玉の生んだ奇才。

山丸剛（やままるつよし）執筆
ライター・編集者。
まじめに生きてます。

[図解]
武将・剣豪と日本刀
新装版

2011年8月23日初版発行
2019年11月20日第6刷発行

■著者／日本武具研究会
■編集／ TELESCOPE,ltd.
■表紙・本文デザイン／松木功治
■発行人／笠倉伸夫
■発行所／株式会社笠倉出版社
〒110-8625
東京都台東区東上野2-8-7 笠倉ビル
代表0120-984-164

※本書は2009年12月31日発行
『[図解]武将・剣豪と日本刀』の新装版になります。

Printed in Japan
ISBN978-4-7730-8570--9